Sommertage

Rezepte, Dekorationen und Ideen für einen schönen Sommer

Nina Dreyer Hensley • Jim Hensley • Paul Løwe

Übersetzung von Frauke Watson

Lifestyle
BUSSE
SEEWALD

Originalausgabe „Sommerlys“

Übersetzung: Frauke Watson, Callian/Frankreich
Satz: Punkt für Punkt GmbH Mediendesign, Düsseldorf
Verarbeitung: Ednas print d.o.o., Slowenien

ISBN 978-3-7724-7322-7

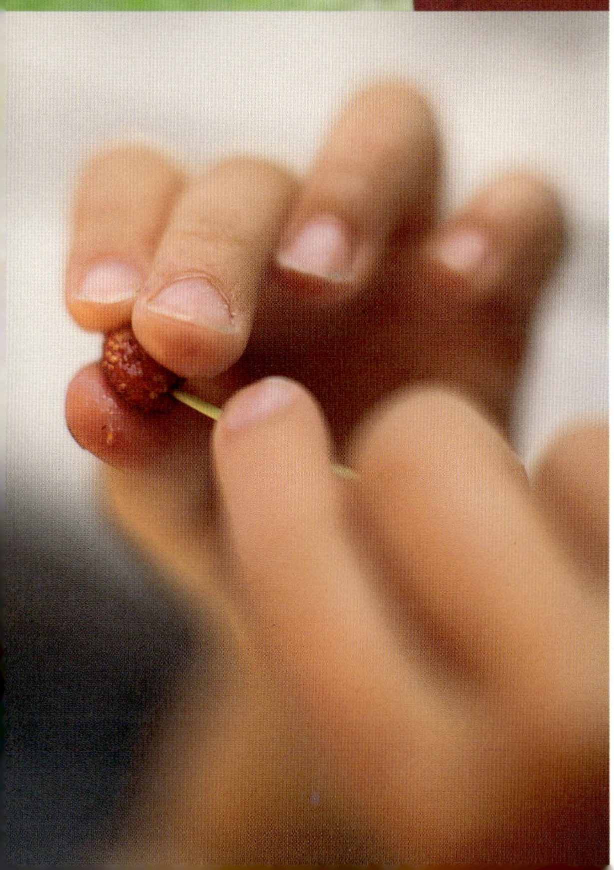

Inhalt

Langer Sommer

von Hege Duckert

Hoch oben im Baum. Tief drinnen im Laub. Da soll das Baumhaus hin. Die Wände machen wir aus Pappe und schneiden die Fenster mit der Küchenschere aus. Denn man muss ja hinausschauen können!
Bis hin nach Drøbak, denn manchmal wird aus dem Baumhaus ein Schiff. Manchmal sind wir stundenlang verschwunden, segeln am Leuchtturm von Færder vorbei nach Schottland und in den Stillen Ozean. Wir winken Lebewohl, denn nun werden wir lange Zeit fort bleiben. Mindestens bis zum Mittagessen.

Das Mittagessen kommt im Korb, der an einem langen Tau hängt. Das Tau ist an einem dicken Ast befestigt, und eine Glocke läutet, wenn jemand daran rührt. Es zuckt, als ob wir einen Fisch gefangen hätten, aber das haben wir ja gar nicht. Wir wollen gar keinen Fisch. Wir wollen kalte Pfannkuchen, eine Schüssel frisch gemachte Himbeermarmelade und eine Flasche
roten Saft. Hau ruck, sagen wir und ziehen den Korb vorsichtig, vorsichtig herauf. Wir wollen ihn ja nicht verlieren. Schauen gespannt nach, ob Mutter an den Löffel für die Marmelade
gedacht hat und an das karierte Handtuch für die Tischdecke.

Im Baum lebt es sich leicht. Wir denken nicht viel darüber nach, was wir tun wollen, denn egal, wohin wir mit dem Baumhaus auch fahren wollen, wir kommen ja dort an. Wenn nicht heute, dann eben morgen. Das ist wie Krabben fischen. Wir nehmen eine Waschschüssel, ein Stück Bindfaden und zwei von Mutters Wäscheklammern. Dann sammeln wir Miesmuscheln und zerdrücken sie in viele kleine Stückchen, genau wie große Krabben es mögen. Wir bauen Höhlen und Grotten aus Steinen in der Schüssel und dekorieren alles mit Seetang und Seeigeln, damit es hübsch aussieht. Dafür brauchen wir den ganzen Tag. Am Abend schütten wir alles wieder ins Meer und am nächsten Morgen fangen wir wieder von vorn an.

Der Sommer soll lang sein. Er soll unendlich sein. Wir denken gar nicht daran, welchen Tag wir haben. Schauen von Juni bis August nicht einmal auf die Uhr. Wir haben soviel anderes im Kopf.
Sammeln gelbe Schneckenhäuser oder Katzensilber, das wie ein Schatz

in der Sonne glitzert. Wir finden leere Seeigelschalen und stellen uns vor, wer vorher darin gewohnt hat. Retten einen jungen Vogel, der sich in unsere Stube verirrt hat. Und wir haben vor gar nichts Angst außer vor Feuerquallen.

Jedes Jahr lernen wir die Blumennamen aufs Neue: Nelkenwurz, Hornklee, Seerose, Augentrost, Storchenschnabel. Und Frauenmantel! Wir lernen den Unterschied zwischen Blasentang, Knotentang und Sägetang. Wir drücken mit den Fingern Löcher in die Blasen, nur weil der kleine Knall so gut zu den Möwenschreien und dem Tuckern der Fischkutter passt. Wir probieren alles, was sich um uns herum in den Mund nehmen lässt: Schnittlauch, Tüpfelfarn, Flieder und Oregano.

Ein Hauch dieser verträumten Sommer wird uns unser ganzes Leben hindurch begleiten, egal, wo wir sind und was wir gerade tun. Wir brauchen nur die Augen zu schließen und uns daran zu erinnern, wie es wahrscheinlich nie wirklich gewesen ist, aber wir spüren den Geschmack von Himbeeren und Saft sofort auf der Zunge. Wir hören den Sommer in allen Baumkronen rauschen und an jedem Tauende zuckt Mutters Picknickkorb. Wir denken daran zurück, wie wir im Baum saßen und uns vornahmen, nie wieder herunter zu klettern. Zumindest nicht, bis Mutter auf die Veranda ging und rief: „Mittagessen!" Da konnten wir gar nicht schnell genug herunter kommen.

Sommerfrühstück

Omelett mit Tomaten, Frühlingszwiebeln, Rauke und Frühstücksspeck • Bagel mit Frischkäse, Lachs und Kapern • Maisfladen mit Frühstücksspeck • Rührei mit Frühlingszwiebeln und Schinkenspeck • Smiley-Toast • Eier Benedikt mit Spinat • Weißbrot • Vollkorn-Muffins • Arme Ritter mit Vanille • Erdbeerkonfitüre ohne Kochen • Joghurt-Variationen • Joghurt mit Honig und frischen Beeren • Amerikanische Pfannkuchen mit Erdbeeren • Erdbeer-Bananen-Smoothie • Geröstetes Müsli mit Honig • Brioche mit Schokolade

Nach einem erfrischenden Morgenbad weckt der Duft von frisch gebratenem Frühstücksspeck einen Riesenappetit. Der Schinken wird zu diesem Omelett als Beilage serviert, damit er schön knusprig bleibt.

Omelett mit Tomaten, Frühlingszwiebeln, Rauke und Frühstücksspeck

Ergibt 4 Portionen

100 g Frühstücksspeck, in Scheiben
1 El Butter
6 Eier
4 El kaltes Wasser
Salz und Pfeffer
1 Tomate, in Scheiben
1 Frühlingszwiebel, in dünnen Scheiben
1 kleine Hand voll Rauke

Den Schinken in einer heißen Pfanne knusprig braten, dann herausnehmen und auf Küchenpapier abtropfen lassen. Die Butter im Speckfett zerlassen. Eier, Wasser, Salz und Pfeffer verquirlen und in die Pfanne geben. Tomate und Frühlingszwiebel darüber verteilen, Deckel auflegen und das Omelett fertig garen.

Bagel mit Frischkäse, Lachs und Kapern

Ergibt 1 Portion

1 Bagel, quer halbiert
2 El Frischkäse
50 g Räucherlachs, in Scheiben
1 Tomate, in Scheiben
1 Tl Kapern
1 El Zitronensaft
1 El fein gehackter Dill
Salz und Pfeffer

Die untere Bagelhälfte mit dem Frischkäse bestreichen und mit dem Lachs belegen. Die obere Hälfte auflegen. Tomaten, Kapern, Zitronensaft und Dill mischen und mit Salz und Pfeffer abschmecken. Mit dem Tomatensalat servieren.

Maisfladen mit Frühstücksspeck

Mais ist nicht gerade eine typische Frühstückszutat, aber dieses Rezept ist wirklich einen Versuch wert!

Ergibt 4 Portionen

300 g Mais aus der Dose
2 El Mehl
2 Eier
1 Frühlingszwiebel, in dünnen Scheiben
1/2 rote Paprika, fein gehackt
Salz und Pfeffer

Mais, Mehl, Eier, Gemüse und Gewürze gut mischen. Olivenöl in einer Bratpfanne erhitzen. Jeweils 2 El der Maismischung in die Pfanne geben und pro Seite 1 Minute lang braten. Die Fladen mit knusprigem Frühstücksspeck oder gedünsteten Tomaten servieren.

Rührei mit Frühlingszwiebeln und Schinkenspeck

Ergibt 4 Portionen

6 Eier
4 El kaltes Wasser
Salz und Pfeffer
2 Frühlingszwiebeln, in dünnen Scheiben
2 El fein gehackter Schnittlauch
4 Scheiben Schinkenspeck

Eier, Wasser, Salz und Pfeffer gut verquirlen. Butter in einer Pfanne zerlassen und die Eimischung hinein geben. Frühlingszwiebel und Dill darüber streuen und unter Rühren stocken lassen. Währenddessen in einer anderen Pfanne den Schinkenspeck knusprig braten. Rührei und Schinken auf Toast servieren.

Smiley-Toast

Ergibt 1 Portion

1 El Butter
1 Scheibe Weißbrot
1 Ei

Butter in einer Pfanne zerlassen. Mit einem Trinkglas ein rundes Loch in die Brotscheibe stechen. Das Brot auf einer Seite leicht anbräunen und wenden. Das Ei in die Öffnung schlagen und auf kleiner Flamme garen.

Eier Benedikt mit Spinat

Ergibt 4 Portionen

200 g frischer Spinat, gewaschen und trocken getupft
2 El Butter
Salz und Pfeffer
Wasser
1 El Essig
4 Eier
4 Brotscheiben

Butter in einem Topf zerlassen und den Spinat darin unter Rühren zusammen fallen lassen – das dauert nur etwa 40 Sekunden! Mit Salz und Pfeffer abschmecken und beiseite stellen. Wasser und Essig in einem Topf erhitzen, jedoch nicht kochen lassen. Jeweils ein Ei zur Zeit in ein Trinkglas schlagen und vorsichtig in das Essigwasser gleiten lassen. Deckel auflegen und 3 Minuten garen. Die Brotscheiben mit dem Spinat belegen und die Eier darauf anrichten, sofort servieren.

Weißbrot

Was gibt es Schöneres, als an einem sonnigen Morgen von dem Geruch frisch gebackenen Weißbrots geweckt zu werden? Ob die Küchenfee auch schon den Kaffee fertig hat? Mit Konfitüre oder warmen Krabben – so ein Brot passt einfach zu allem!

Ergibt 2 Brote

750 ml handwarmes Wasser
50 g Hefe (1 Paket)
1 El Zucker
1 El Salz
2 El Olivenöl
ca. 1 kg Mehl

Die Hefe in dem handwarmen Wasser auflösen. Zucker, Salz und Öl zugeben. Nach und nach das Mehl einrühren, bis sich ein glatter Teig bildet. Mit Klarsichtfolie zugedeckt 1 Stunde an einem warmen Ort gehen lassen. Dann den Teig auf einer Arbeitsfläche gut durchkneten und zu zwei Laiben formen. Lassen Sie dabei ruhig Ihrer Kreativität freien Lauf: rund, eckig, geflochten oder auch zu Brötchen geformt – alles geht! Im 200 °C heißen Ofen ca. 30–40 Minuten backen und auf dem Kuchenrost abkühlen lassen.

Wie wäre es mit ein paar Geschmacksvariationen? Versuchen Sie es einmal damit:

- Gehackte Oliven und Petersilie
- Fetakäse und sonnengetrocknete Tomaten
- Knoblauch und Petersilie
- Gehackte Walnüsse und Haselnüsse

Muffins schmecken am allerbesten ofenwarm mit frisch gemachter Konfitüre! Sie können den Teig auch mit Rosinen oder gehackten Nüssen variieren.

Vollkorn-Muffins

Ergibt 12 Muffins

Am besten gelingen Muffins in speziellen Muffinformen aus Metall oder Silikon. Wenn Sie Papierformen verwenden, achten Sie auf ausreichenden Abstand zwischen den Förmchen!

175 g Weizenmehl
125 g Vollkorn-Weizenmehl
2 El Haferflocken
1 El Zucker
1 El Backpulver
1 Msp Salz
1 Ei
250 ml Milch
100 g zerlassene Butter
Haferflocken zum Bestreuen

Mehl, Haferflocken, Zucker, Backpulver und Salz gut mischen. Ei, Milch und Butter verquirlen und mit der Mehlmischung zu einem glatten Teig verarbeiten – jedoch nicht zu lange rühren, sonst fallen die Muffins leicht zusammen! Den Teig auf die Muffinförmchen verteilen und mit Haferflocken bestreuen. Je nach Größe der Förmchen im 200 °C heißen Ofen ca. 15–20 Minuten backen.

Erdbeerkonfitüre ohne Kochen

Frisch getoastetes Weißbrot mit selbst gemachter Erdbeerkonfitüre ist einfach himmlisch! Sie ist ganz schnell angerührt, hat allerdings nur eine begrenzte Haltbarkeit – machen Sie daher stets kleine Mengen, wenn Sie keinen Gefrierschrank haben.

1 kg Erdbeeren
100–300 g Zucker nach Geschmack

Erdbeeren waschen und mit dem Zucker im Mixer pürieren. Sofort auf Brot, zu Pfannkuchen oder Waffeln servieren. Der Rest hält sich kurze Zeit im Kühlschrank.

Arme Ritter mit Vanille

Ergibt 4 Portionen

500 ml Milch
75 g Zucker
1/2 Vanillestange sowie das ausgeschabte Mark
(ersatzweise 1 1/2 Tl Vanillezucker)
8 dicke Weißbrotscheiben
2 Eier
Butter
Ahornsirup

Milch, Zucker und Vanille zusammen aufkochen und abkühlen lassen. Wenn die Mischung erkaltet ist, die Vanillestange heraus nehmen. Die Eier verquirlen. Die Brotscheiben zuerst in die Milch, dann in die verquirlten Eier tauchen. Butter in einer Pfanne zerlassen und die Brotscheiben darin von beiden Seiten goldbraun braten. Noch heiß mit Ahornsirup servieren.

Joghurt–Variationen

Wer schon einmal in Griechenland war, wird sich sicher gern an den dicken, sahnigen Joghurt erinnern. Sie können ihn auch leicht selbst herstellen und geschmacklich variieren.

Für 4 Portionen geben Sie 2 große Becher Joghurt natur in ein mit einer doppelten Lage Mulltuch ausgelegtes Küchensieb oder in einen Kaffeefilter. Nachdem der Joghurt mindestens 2 Stunden abgetropft ist, ähnelt er in der Konsistenz seinem griechischen Kollegen. Er kann nun sofort serviert werden und hält sich kurze Zeit im Kühlschrank.

Geschmacksvariationen:
* Mit Honig, wie in Griechenland
* Mit Honig und frischen Beeren
* Mit Honig und gehackten Nüssen
* Mit frischem Obst und selbst gemachtem Müsli

Joghurt mit Honig und frischen Beeren

Ergibt 2 Portionen

Es gibt kaum einen gesunderen Start in den Tag! Wer keine frischen Beeren hat, nimmt Trockenobst oder Nüsse – das ist genauso gesund und lecker.

400 ml Joghurt natur
6 El Honig
Fische Beeren, etwa Erdbeeren, Blaubeeren oder Himbeeren

Joghurt mit Beeren und Honig auf Gläser verteilen, umrühren und genießen!

Amerikanische Pfannkuchen mit Erdbeeren

Ergibt 8 Pfannkuchen, 3–4 pro Person

150 g Mehl
1 Tl Backpulver
250 ml Milch
2 Eier
2 El zerlassene Butter
Erdbeeren, in Stücken
Ahornsirup

Mehl und Backpulver mischen. Milch, Eier und Butter unter Rühren zugeben, bis sich ein glatter Teig ergibt. 30 Minuten gehen lassen. Butter in einer Bratpfanne erhitzen und eine Teigportion mit einem Suppenlöffel hinein geben.In der heißen Pfanne von beiden Seiten goldbraun braten.
Die Pfannkuchen zu einem kleinen Stapel aufeinander legen und mit den Erdbeeren auf einem Teller anrichten. Für das echte amerikanische Feeling kommt vor dem Servieren ein guter Schuß Ahornsirup dazu.

Erdbeer-Bananen-Smoothie

Ergibt 1 Portion

Dies ist das Lieblingsfrühstück aller Kinder!

1 Hand voll Erdbeeren
1/2 Banane
Zucker nach Geschmack
1/2 Tl Vanillezucker
200 ml Milch
Eiswürfel

Alle Zutaten im Mixer fein pürieren und in hohen Gläsern servieren.

Geröstetes Müsli mit Honig

Ergibt 4 Portionen

(Die Mengenverhältnisse können nach Geschmack natürlich variiert werden!)
1 kg Haferflocken
100 g Mandelsplitter
100 g Pistazien
2 El Honig
1 El Sonnenblumenöl
100 g Rosinen
50 g getrocknete Apfelscheiben, gehackt
50 g getrocknete Aprikosen, gehackt
50 g Kokosflocken

Den Backofen auf 200 °C vorheizen. Haferflocken, Mandeln und Pistazien auf ein tiefes Backblech verteilen und mit Öl und Honig beträufeln. 6–8 Minuten im Ofen rösten, dabei gelegentlich umrühren, damit sich Honig und Öl gut verteilen. Abkühlen lassen und die restlichen Zutaten dazu geben. In einem luftdicht verschließbaren Behälter aufbewahren.

Brioche mit Schokolade

Ergibt 12 Stück

Dies ist eine etwas gehaltvollere Frühstücksvariante, wenn Sie einmal der Heißhunger auf etwas Süßes überfällt!

300 g Mehl
1 1/2 Tl Trockenhefe
150 ml warme Milch
1 Tl Vanillezucker
3 El Zucker
2 Eigelb
125 g Butter, gewürfelt
12 Stückchen Kuvertüre oder Zartbitterschokolade

Mehl und Hefe im Mixer verrühren. Milch, Vanillezucker und Zucker zugeben und alles gut mischen. Eier und würfelweise die Butter zugeben, bis sich ein geschmeidiger Teig gebildet hat.
Den Teig an einem warmen Ort etwa 1 Stunde gehen lassen. Dann ausrollen und in 12 Portionen teilen. Ein Schokoladenstück in jede Portion drücken und auf eingefettete Muffinformen verteilen. Noch einmal 30 Minuten gehen lassen, dann im 180 °C heißen Ofen ca. 10–15 Minuten backen. Noch warm zu einer guten Tasse Kaffee servieren.

Gartenparty

Pie mit Süßkartoffeln und Salbei • Kürbissalat • Pie mit Spinat, Fetakäse und sonnengetrockneten Tomaten • Pie mit Pilzen • Gegrilltes Hähnchen mit Basilikum • Warmer Bohnensalat mit Süßkartoffeln und Chili • Grissini • Focaccia mit Oliven • Kartoffel-Paprikasalat mit Balsamicoessig • Großmutters Apfelkuchen

Pie mit Süßkartoffeln und Salbei

Mit einem Pie liegen Sie immer richtig. Diesen können Sie schon am Vortage machen, denn durch den Hüttenkäse bleibt er schön saftig. Denken Sie an den frischen Parmesan!

Ergibt 6–8 Portionen

900 g Hüttenkäse
ca. 100 g frischer Parmesan, gerieben
6 Eier
2 Hände voll Rauke, gehackt
4 El Petersilie, fein gehackt
1 kleines Bund Salbei
Salz und Pfeffer
1 Süßkartoffel, in dünnen Scheiben
2 El Olivenöl
2 El Butter

Hüttenkäse, Parmesan und Eier im Mixer pürieren. Rauke, die Hälfte der Salbeiblätter sowie Salz und Pfeffer zugeben, gut umrühren. Die Mischung in eine gefettete Pieform mit 26 cm Durchmesser geben und glattstreichen. Mit den Süßkartoffelscheiben belegen und mit dem Olivenöl beträufeln. Im 160 °C heißen Ofen ca. 1 Stunde backen. Prüfen Sie vorsichtig mit der Handfläche, ob der Pie in der Mitte fest geworden ist.
Butter in einer Pfanne erhitzen und die restlichen Salbeiblätter darin knusprig rösten. Die Butter-Sabei-Mischung auf dem Pie verteilen und warm oder kalt servieren.

Ein Hauch dieser verträumten Sommer wird uns unser ganzes Leben hindurch begleiten, egal, wo wir sind und was wir gerade tun. Wir brauchen nur die Augen zu schließen und uns daran zu erinnern, wie es wahrscheinlich nie wirklich gewesen ist, aber wir spüren den Geschmack von Himbeeren und Saft sofort auf der Zunge.

Kürbissalat

Ergibt 4 Portionen

8 Scheiben Parmaschinken
200 g Kürbis, in dünnen Scheiben
2 El Olivenöl
Eine gute Hand voll Rauke
50 g schwarze Oliven, ohne Stein
Olivenöl
Pfeffer

Eine Teflonpfanne erwärmen und den Parmaschinken darin wie Frühstücksschinken knusprig braten. Herausnehmen und auf Küchenpapier abtropfen lassen.
Das Öl in derselben Pfanne erhitzen und die Kürbisscheiben darin goldbraun garen. Mit Rauke, Oliven und Parmaschinken auf einer Servierplatte anrichten, mit Pfeffer abschmecken und mit Olivenöl beträufelt servieren.

Im Spätsommer sind endlich die Kürbisse reif! Das orangefarbene Fleisch hat einen angenehm süßlichen Geschmack.

Pie mit Spinat, Fetakäse und sonnengetrockneten Tomaten

Ergibt 6–8 Portionen

Teig:
150 g kalte Butter, in Würfeln
150 g Mehl
3 El kaltes Wasser

Füllung:
400 g frischer Spinat, gewaschen und abgetupft
1 rote Zwiebel, in dünnen Ringen
3 El Olivenöl
6–8 sonnengetrocknete Tomaten, in Würfeln
100 g Fetakäse, in Würfeln
4 Eier
400 ml Milch
Salz und Pfeffer
2 El Schnittlauch, fein gehackt

Die Butter mit dem Mehl verreiben, anschließend das Wasser zugeben. Zu einem Teig verkneten und in Klarsichtfolie gewickelt mindestens 1 Stunde in den Kühlsschrank legen.
Den Teig in eine gefettete 26-cm-Pieform drücken und den Boden mehrmals mit einer Gabel einstechen. Im 200 °C heißen Ofen ca. 5 Minuten backen, herausnehmen und abkühlen lassen. Das Öl in einer Pfanne erhitzen und den Spinat mit den Zwiebelringen rasch dünsten, bis der Spinat zusammengefallen ist. Spinat, Tomaten und Fetakäse auf den Pieboden geben. Ei, Milch, Schnittlauch, Salz und Pfeffer verquirlen und über die Spinatmischung gießen. Bei 200 °C nochmals ca. 30 Minuten backen, bis der Pie fest geworden ist.

Pie mit Pilzen

Ergibt 6–8 Portionen

1 Pieteig (siehe Seite 31)

Füllung:
200 g Mischpilze, zum Beispiel Champignons, Steinpilze oder Pfifferlinge
1 El Thymian, fein gehackt
2 Schalotten, fein gehackt
200 ml Crème fraiche
2 Eier
2 Eigelb
Salz und Pfeffer

Den Pieteig vorbacken und Pilze und Thymian darauf verteilen. Crème fraiche, Eier, Salz und Pfeffer verquirlen und über die Pilze geben. Im 200 °C heißen Ofen ca. 30 Minuten backen.

Gegrilltes Hähnchen mit Basilikum

Ergibt 4 Portionen

Ein Hähnchen mit Haut, in Stücke zerteilt
1 Topf Basilikum
4 El Olivenöl
2 Knoblauchzehen, fein gehackt
Salz und Pfeffer

Versuchen Sie vorsichtig, die Haut über der Hähnchenbrust zu lösen, ohne sie zu beschädigen, damit der Bratensaft beim Grillen nicht heraus läuft. Basilikum, Olivenöl, Knoblauch, Salz und Pfeffer im Mixer fein pürieren und damit den Zwischenraum zwischen Hähnchenhaut und Fleisch auspinseln. Wenn etwas übrig bleibt, damit die Haut außen einpinseln. Das Fleisch auf dem heißen Grill von beiden Seiten je ca. 6–8 Minuten garen, bis beim Einstechen klarer Bratensaft heraus läuft.

Warmer Bohnensalat mit Süßkartoffeln und Chili

Dieser herzhafte Salat ist eine gute Alternative zu Kartoffeln. Man kann ihn auch für sich allein servieren. Wer keine Süßkartoffeln findet, verwendet statt dessen einfach Mohrrüben.

Ergibt 4 Portionen

1 Süßkartoffel, geschält und in Würfeln
2 El Olivenöl
1 rote Chilischote, fein gehackt
200 g weiße Bohnen, gekocht
100 g Rauke
1 rote Zwiebel, fein gehackt
50 g schwarze Oliven, entsteint
50 g Fetakäse, in Würfeln
Olivenöl
Balsamicoessig
Pfeffer

Das Öl in einer Pfanne erhitzen und die Süßkartoffelwürfel mit der Chili darin fast gar dünsten. Bohnen und Zwiebel zugeben und unter Rühren zusammen erhitzen. Rauke, Oliven und Fetakäse zugeben, gut umrühren, mit Öl und Essig besprenkeln und mit Salz und Pfeffer abschmecken. Noch warm servieren.

Grissini

Ergibt etwa 25 Grissini

300 g Mehl
1/2 Tüte Trockenhefe
2 Tl Zucker
1 Tl Salz
200 ml handwarmes Wasser
3 El Olivenöl

Die trockenen Zutaten in eine Schüssel geben und gut mischen. Mit Wasser und Öl zu einem glatten Teig verarbeiten. Den Teig mit Klarsichtfolie abgedeckt an einem warmen Ort 1 Stunde gehen lassen. Anschließend ausrollen und in 25 Teile schneiden. Die Teigstücke zu langen Würsten formen und auf ein gefettetes Backblech legen. Im 200 °C heißen Ofen ca. 10–15 Minuten backen und auf einem Kuchenrost abkühlen lassen.

Focaccia mit Oliven

Ergibt ein großes Focacciabrot

500 g Mehl
1 Tüte Trockenhefe
1 Tl Salz
1 El Honig
etwa 350 ml Wasser
50 ml Olivenöl
eine Hand voll schwarze Oliven, entsteint
grobes Salz zum Bestreuen

Mehl, Hefe, Honig und Salz mischen. Wasser und Öl zugeben und mit den Händen zu einem glatten Teig verkneten. Den Teig mit Klarsichtfolie abgedeckt an einem warmen Ort 1 Stunde gehen lassen. Danach mit den Händen auf einer Arbeitsfläche zu einem runden Laib formen. Den Laib mit Klarsichtfolie abgedeckt nochmals 30 Minuten gehen lassen. Zum Schluss die Oliven in den Teig drücken und etwas grobes Salz darüber streuen. Im 180 °C heißen Ofen ca. 20–30 Minuten backen.

Kartoffel-Paprikasalat mit Balsamicoessig

Ergibt 4 Portionen

300 g Kartoffeln
1 rote Zwiebel, fein gehackt
Je 1 rote, gelbe und grüne Paprika,
entkernt und fein gehackt
Eine große Hand voll geröstete Pinienkerne
10–12 schwarze Oliven, entsteint
2 El Balsamicoessig
Salz und Pfeffer

Die Kartoffeln in Salzwasser gar kochen, abgießen und pellen. Grob würfeln und mit Paprika, Zwiebel, Pinienkernen und Oliven in eine Salatschüssel geben. Mit Öl und Essig beträufeln, gut wenden und mit Salz und Pfeffer abschmecken.

Großmutters Apfelkuchen

Ergibt 6–8 Portionen

Boden:
150 g Butter, in Würfeln
50 g Puderzucker
150 g Mehl
1 Eigelb

Füllung:
4 süße, saftige Äpfel, geschält und in Scheiben
3 Eigelb
50 g Zucker
1 Tl Vanillezucker
1 Tl Zimt
250 ml Sahne

Butter, Puderzucker und Mehl verreiben und mit dem Eigelb rasch zu einem glatten Teig verarbeiten. Den Teig mit Klarsichtfolie abgedeckt mindestens 1 Stunde in den Kühlschrank stellen. Anschließend in eine gut gefettete 26-cm-Springform drücken und den Boden mehrmals mit einer Gabel einstechen. Im 200 °C heißen Ofen ca. 5 Minuten backen und abkühlen lassen.
Den Boden mit den Apfelscheiben auslegen. Eigelb, Zucker, Vanillezucker, Zimt und Sahne verquirlen und darüber gießen. Bei 200 °C ca. 30–35 Minuten backen, bis die Eimischung gestockt ist. Den Kuchen warm oder kalt mit Schlagsahne oder Crème fraiche servieren.

Dieser Kuchen voller süßer, saftiger Äpfel ist der Inbegriff des Sommers!

Wir hören den Sommer in allen Baumkronen rauschen und an jedem Tauende zuckt Mutters Picknickkorb. Wir denken daran zurück, wie wir im Baum saßen und uns vornahmen, nie wieder herunter zu klettern.

BL 53702

Strandpicknick

Sandwichbrot • Pastasalat mit Krebsfleisch • Kalte Hähnchenrouladen mit Chili und Fetakäse • Gegrilltes Gemüse • Kräuter-Garnelenspieße mit Mango-Salsa • Brownies mit Himbeeren • Keks-Sandwiches mit Marshmallows und Schokolade • Makrele mit Dill • Gurkensalat • Erdbeeren mit Limettenzucker

1
2
3
4
5
6

So ein Sandwich zu machen bringt Spaß – und es ist einfacher, als man denkt!

Sandwichbrot

Ergibt 6–8 Portionen

1 rote Paprika
1 gelbe Paprika
Olivenöl
1/2 Sommerkürbis, in Scheiben
1/2 Aubergine, in Scheiben
1 Mozzarella, in Scheiben
1 rundes Landbrot

Den Ofen auf 200 °C vorheizen. Die Paprika halbieren, putzen und mit der Haut nach oben auf ein Backblech legen. Mit etwas Öl einpinseln und im Ofen etwa 15–20 Minuten grillen, bis sich die Haut schwarz zu färben beginnt. Abkühlen lassen und die Haut abziehen.
Etwas Öl in einer Pfanne erhitzen und die Kürbis- und Auberginenscheiben goldbraun braten. Einen „Deckel" von dem Brotlaib abschneiden (siehe Abbildung) und das Brot aushöhlen. Die so entstandene Höhlung schichtweise mit den Paprika-, Kürbis-, Auberginen- und Mozzarellascheiben füllen. Deckel aufsetzen. Das Brot zum Servieren in Stücke schneiden.

Dieser Salat schmeckt natürlich am allerbesten mit frisch gekochten Krabben. Aber man kann ihn selbstverständlich auch mit Krabbenfleisch aus dem Supermarkt machen.

Pastasalat mit Krebsfleisch

Ergibt 4 Portionen

300 g Pasta
2 Knoblauchzehen, in dünnen Scheiben
1/2 rote Chilischote, fein gehackt
300 g Krabbenfleisch
1 Frühlingszwiebel, fein gehackt
3 El Limettensaft
2 Tl fertige Fischsauce
1 Tl Zucker
2 El Basilikum, fein gehackt

Die Pasta nach Packungsanweisung kochen. Abgießen und mit kaltem Wasser abspülen. Die restlichen Zutaten in einer Salatschüssel mit der Pasta mischen und sofort servieren.

Kalte Hähnchenrouladen mit Chili und Fetakäse

Ergibt 4 Portionen

2 große Hähnchenbrustfilets
50 g Fetakäse
2 sonnengetrocknete Tomaten
4–6 grüne Oliven, entsteint
1/2 rote Chilischote, fein gehackt
4 Scheiben Schinkenspeck oder Frühstücksspeck
Salz und Pfeffer
Olivenöl

Die Hähnchenbrüste einmal waagerecht halbieren, mit Klarsichtfolie bedecken und vorsichtig flach klopfen – jedoch nicht so dünn, dass sich Löcher im Fleisch bilden. Käse, Tomate, Oliven und Chili im Mixer pürieren. Schinkenspeck auf das Fleisch legen und mit der Käsemischung bestreichen. Die Filets zusammenrollen und mit Zahnstochern fixieren. Öl in einer Pfanne erhitzen und die Filets rundherum goldbraun braten. Dann im 200 °C heißen Ofen ca. 5 Minuten backen und gut abkühlen lassen. Zum Servieren in Scheiben schneiden.

Gegrilltes Gemüse

Um Gemüse zu grillen, braucht man nicht unbedingt Bratspieße aus Metall: dünne Zweige aus Wald und Garten eignen sich ebenso gut – und das macht auch viel mehr Spaß!

Legen Sie die Zweige vor dem Gebrauch jedoch mindestens eine Stunde in Wasser, damit sie auf dem Grill kein Feuer fangen.
Dann das Gemüse in passende Stücke schneiden und auf die Zweige spießen. Paprika, Sommerkürbis und Kartoffeln eignen sich dafür wunderbar. Kartoffeln sollte man jedoch vor dem Grillen ein paar Minuten vorkochen, sonst werden sie nie fertig!

Kräuter-Garnelenspieße mit Mango-Salsa

Gegarte Garnelen kann man auch gut grillen – jedoch nicht zu lange, da sie sonst austrocknen!

Ergibt 4 Portionen

2 Knoblauchzehen, fein gehackt
1 kleine Zwiebel, gehackt
3 El Petersilie, fein gehackt
2 El Basilikum, fein gehackt
1 El Dijonsenf
1 El Salz
1 Msp Pfeffer
50 ml Olivenöl
Saft einer Zitrone
500 g gegarte Garnelen

Mango-Salsa:
2 El Olivenöl
1 Zwiebel, fein gehackt
1 El Ingwer, gerieben
2 Knoblauchzehen, fein gehackt
2 reife Mango, in Stücken
100 ml Orangensaft
1 El Zucker
1 Tl Salz
1/2 rote Chilischote, fein gehackt

Knoblauch, Zwiebel, Petersilie, Basilikum, Senf, Salz und Pfeffer, Olivenöl und Zitronensaft in eine Schüssel geben und die Garnelen mindestens eine Stunde darin marinieren.
Inzwischen die Salsa zubereiten: Dafür das Olivenöl in einer Pfanne erhitzen und Zwiebel, Knoblauch und Ingwer dünsten, bis die Zwiebel glasig geworden ist. Unter Rühren Mango und Orangensaft zugeben, dann die restlichen Zutaten. Auf schwacher Hitze 10 Minuten ziehen lassen, dann vom Herd nehmen. Die Salsa kann warm oder kalt serviert werden.
Die Garnelen auf Spieße verteilen und maximal je 20 Sekunden pro Seite grillen.

Brownies mit Himbeeren

Ergibt ca. 15 Stücke

75 g Kuvertüre
75 g Butter
2 Eier
100 g brauner Zucker
150 g Mehl
100 g grob gehackte Walnüsse
50 g grob gehackte Kuvertüre
1 kleiner Karton Himbeeren

Die Kuvertüre im Wasserbad schmelzen. Ei und Zucker schaumig schlagen und unter die Kuvertüre heben. Dann Mehl, Nüsse und die Kuvertürestücke vorsichtig unterheben.
Den Teig etwa 2 cm dick auf einem gut gefetteten, tiefen Backblech verteilen und die Himbeeren vorsichtig in den Teig drücken. Im 150 °C heißen Ofen ca. 40–45 Minuten backen. Vor dem Zerschneiden auf einem Kuchenrost abkühlen lassen.

Schokolade und Himbeeren sind schon für sich allein köstlich, aber zusammen schmecken sie einfach himmlisch!

Keks-Sandwiches mit Marshmallows und Schokolade

Vorab gesagt: Dies ist eine ziemlich klebrige Angelegenheit – eine herrlich klebrige Angelegenheit, die den allermeisten Kindern und Erwachsenen ungeheuren Spaß machen wird! Sie können die gegrillten Marshmallows aber auch in einer Tasse heißen Kakao servieren.

Sie brauchen dafür:
Marshmallows
Holz- oder Bambusspieße
Schokolade
Runde Kekse

Die Marshmallows auf Holzspieße stecken und auf dem Grill oder über dem Lagerfeuer rösten. Vorsicht: Sie fangen schnell Feuer, achten Sie daher auf reichlich Abstand zu den Flammen. Einen Keks mit einem Stück Schokolade belegen, dann den heißen Marshmallow darauf und zuletzt wieder einen Keks: Fertig ist das Marshmallow-Sandwich!

Erdbeeren mit Limettenzucker

Ergibt 4 Portionen

200 g Zucker
geriebene Schale von 3 Limetten
Saft von 2 Limetten
1–2 Kartons frische Erdbeeren

Zucker und Limettenschale mischen. In einer separaten Schüssel die Erdbeeren mit dem Limettensaft mischen und zum Servieren mit dem parfümierten Zucker bestreuen.

Makrele mit Dill

Fangfrischer Fisch mit frischen Kräutern: so lässt es sich leben!

Ergibt 4 Portionen

8–10 kleine Makrelen
Salz und Pfeffer
1 Bund Dill, fein gehackt
2 El Butter
2 El Olivenöl
1 kleine Zwiebel, fein gehackt

Makrelen waschen und ausnehmen. Mit Küchenpapier trocken tupfen und innen und außen mit Salz und Pfeffer einreiben.
Die Fische mit der Hälfte des Dills füllen. Butter und Öl in einer Pfanne erhitzen, Zwiebel zugeben und die Fische darin 3–4 Minuten von jeder Seite braten. Zum Servieren mit dem restlichen Dill bestreuen. Dazu schmecken neue Kartoffeln und Gurkensalat.

Gurkensalat

Ergibt 4 Portionen

1 Salatgurke
1 Tl Salz
2 El Essig
4 El Wasser
1 Msp Pfeffer
1 Tl Senf
1 Tl Honig
fein gehackte Petersilie

Die Gurke in sehr dünne Scheiben schneiden, zum Beispiel mit einem Gemüsehobel. Mit dem Salz mischen und 30 Minuten ziehen lassen, die angesammelte Flüssigkeit wegschütten.
Essig, Wasser, Pfeffer, Senf und Honig gut verrühren und über die Gurken geben. Mit frisch gehackter Petersilie bestreut servieren.

Mittsommernacht

Rote Bete-Salat mit Pasta und Ziegenkäse • Frisches Sommergemüse • Salat • Gazpacho • Sommersandwich mit Aioli und Hähnchen • Vodka-Wassermelone • Focaccia mit Basilikum • Mandelkuchen mit Sommerbeeren • Rhabarber-Baiser-Kuchen • Rhabarberkompott

Rote Bete-Salat mit Pasta und Ziegenkäse

Ergibt 4 Portionen

6 kleine Rote Bete
2 rote Zwiebeln
1 kleiner Sommerkürbis
1 Tl Pinienkerne
3 El Olivenöl
300 g Pastaspiralen, fertig gekocht
50 g Erbsen
2 El Kapern
100 g Ziegenkäse, in Scheiben
Olivenöl

Rote Bete und Zwiebeln schälen und in Stücke schneiden. Den Kürbis in Scheiben schneiden. Alles zusammen mit den Pinienkernen und dem Öl in eine hitzebeständige Form geben. Im 180 °C heißen Ofen ca. 20 Minuten backen, bis die Rote Bete gar ist.
Abkühlen lassen und mit der Pasta und den Erbsen, Kapern und Käse mischen. Mit etwas Olivenöl beträufelt servieren.

Rote Bete ist leider etwas aus der Mode gekommen. Dabei ist sie gesund und schmackhaft und noch dazu von einer prachtvollen roten Farbe. Versuchen Sie es einmal mit Braten: Durch die Hitze kommt der milde, leicht süßliche Geschmack der Roten Bete besonders gut zur Entfaltung!

Frisches Sommergemüse

Das Schöne an Sommergerichten ist, dass sie so einfach wie schmackhaft sind. Frisches Sommergemüse, in Stifte geschnitten, mit einem guten Olivenöl und etwas Meersalz dazu ist eine wunderbar knackige Vorspeise, während man mit einem Bier oder einem Glas Wein in der Hand den Grill anheizt. Einfacher und besser geht es doch gar nicht!

Salat

Es muss nicht immer die Salatschüssel sein: Hier dient ein mit Aluminiumfolie ausgekleideter Blumenkasten als Salatbehälter. Die Gäste bedienen sich selbst und wählen unter verschiedenen Dressings aus. Leckere Dressing-Rezepte finden Sie auf den Seiten 114–115.

Es macht Spaß, mit Sandwiches zu experimentieren. Überraschen Sie die Picknickgäste einmal mit neuen Geschmacksrichtungen!

Gazpacho

Ergibt 4 Portionen

1/2 Salatgurke
1 rote Paprika
1 rote Chili
2 Knoblauchzehen
1 kleine rote Zwiebel
1 l Tomatensaft
3 El Olivenöl
Saft einer Limette
Salz und Pfeffer

Das Gemüse grob hacken und in den Mixer geben. Den Tomatensaft, dann Olivenöl und Limettensaft zugeben und den Mixer weiter laufen lassen, bis die Mischung die Konsistenz einer dickflüssigen Suppe hat. Mit Salz und Pfeffer abschmecken und vor dem Servieren ein paar Stunden in den Kühlschrank stellen.

Sommersandwich mit Aioli und Hähnchen

Ergibt 4 Portionen

Aioli:
3 Eigelb
1/2 Tl Salz
6 Knoblauchzehen, zerdrückt
Etwa 400 ml Olivenöl
Saft 1/2 Zitrone
Weißer Pfeffer

Aioli passt ausgezeichnet zu gegrilltem Fisch oder, statt Mayonnaise, auf das Krabbenbrot. Eigelb, Salz und Knoblauch in eine Schüssel geben und das Olivenöl zuerst tropfenweise, dann in einem dünnen Strahl darunter rühren. Das Öl langsam zugeben, damit das Aioli nicht gerinnt. Geht es doch schief, geben Sie ein paar Tropfen eiskaltes Wasser dazu und rühren dabei weiter. Mit Zitronensaft und weißem Pfeffer abschmecken.

Füllung:
8 dicke Scheiben Landbrot
1 Grillhähnchen, enthäutet und zerteilt
Salatblätter, gewaschen und getrocknet
1 rote Zwiebel, in Scheiben
1 kleine Hand voll sonnengetrocknete Tomaten
Petersilie

Salat, Aioli, Hähnchenfleisch, Tomaten, rote Zwiebel und Petersilie jeweils zwischen zwei Scheiben Brot schichten.

Vodka-Wassermelone

Vorsicht: Nur für Erwachsene! Nach dem Genuss dieser beschwipsten Wassermelone herrscht sehr wahrscheinlich ziemlicher Überschwang auf der Grillparty!

Da es etwas dauert, bis der Vodka ganz in die Wassermelone eingezogen ist, beginnen Sie am besten schon zwei Tage vor dem Servieren mit der Präparation. Machen Sie zunächst ein Loch in die Schale und setzen einen Trichter hinein. Nach und nach die gewünschte Menge Vodka in den Trichter füllen. Zum Servieren die Melone wie gewohnt in Stücke schneiden und auf einem Teller anrichten.

Foccaciabrot kommt ursprünglich aus Italien. Es ist wunderbar herzhaft und ganz einfach zu machen. Vor dem Backen wird es mit Olivenöl beträufelt und mit grobem Salz oder frischem Rosmarin bestreut.

Focaccia mit Basilikumöl

Ergibt 1 großes Brot

500 g Mehl
1 Tüte Trockenhefe
1 Tl Salz
1 El Honig
Etwa 350 ml Wasser
50 ml Olivenöl

Basilikumöl:
50 ml Olivenöl
1 Topf Basilikum
2 Knoblauchzehen
Meersalz

Mehl, Hefe, Salz und Honig in eine Schüssel geben und gut mischen. Wasser und Öl einarbeiten und mit den Händen zu einem glatten Teig verkneten. Keine Angst, wenn Ihnen der Teig sehr weich vorkommt – das soll so sein.

Die Teig mit Klarsichtfolie abgedeckt 1 Stunde an einem warmen Ort gehen lassen. Dann mit den Fingern zu einem runden, etwa 2 cm dicken Laib formen. Den Laib mit Klarsichtfolie abdecken und noch einmal 30 Minuten gehen lassen. Inzwischen das Basilikumöl machen.

Öl, Basilikum und Knoblauch im Mixer fein pürieren. Das fertige Öl vorsichtig über den Brotlaib gießen und mit den Fingern einarbeiten. Zum Schluss etwas grobes Meersalz darüber streuen. Im 180 °C heißen Ofen ca. 20–30 Minuten backen und auf einem Kuchenrost abkühlen lassen.
Man kann Focacciabrot mit vielen guten Sachen füllen. Hier sind ein paar Voschläge:

- Pesto, Schinken, Avocado und Mozzarella
- Geräuchertes Putenfleisch und gegrilltes Gemüse
- Hüttenkäse, Avocado und Salami

Mandelkuchen mit Sommerbeeren

Ergibt 8–10 Portionen

Dieser Kuchen ist garantiert ein Riesenerfolg. Mahlen Sie die Mandeln selbst, das schmeckt intensiver als gemahlene Mandeln aus der Tüte!

Boden:
375 g Mehl
225 g kalte Butter, in Würfeln
75 g Puderzucker
3 Eigelb

Füllung:
350 g zimmerwarme Butter
200 g Zucker
350 g gemahlene Mandeln
4 Eier
Erdbeeren, Stachelbeeren, Johannisbeeren, Blaubeeren, Himbeeren, wie vorhanden

Mehl und Butter verreiben, Puderzucker und Ei zugeben und alles zu einem glatten Teig verarbeiten. In Klarsichtfolie wickeln und mindestens 1 Stunde in den Kühlschrank legen. Den Teig in eine Springform mit 24–26 cm Durchmesser drücken. Im 180 °C heißen Ofen 5 Minuten backen, dann abkühlen lassen. Butter und Zucker schaumig rühren. Mandeln und Ei einrühren. Die Masse auf den Kuchenboden füllen und bei 150 °C ca. 15 Minuten backen. Abkühlen lassen, dann mit so vielen frischen Sommerbeeren belegen, wie darauf Platz haben.

Rhabarber-Baiser-Kuchen

Ergibt 6–8 Portionen

Boden:
150 g Mehl
1 El Zucker
150 kalte Blutter, in Würfeln
4 El kaltes Wasser

Füllung:
400 g Rhabarber, in Stücken
25 g Zucker
1 El Mondamin
3 Eiweiß
50 g Zucker

Mehl, Zucker und Butter mischen. Wasser zugeben und alles zu einem glatten Teig verarbeiten. In Klarsichtfolie wickeln und mindestens 1 Stunde in den Kühlschrank stellen. In eine 26-cm-Springform drücken, dabei darauf achten, dass der Teig über die Oberkante hinaus reicht. Den Boden mehrmals mit einer Gabel einstechen. Im 200 °C heißen Ofen ca. 5 Minuten backen und abkühlen lassen.
Rhabarber und Zucker aufkochen, dann auf schwacher Hitze gar ziehen lassen. Das geht recht schnell – gehen Sie daher nicht zu lange vom Herd weg! Den Rhabarber (mit möglichst wenig Saft) auf dem Kuchenboden verteilen und mit Mondamin bestäuben. Die Eiweiß steif schlagen, den Zucker zugeben und so lange weiter schlagen, bis der Schaum weiche Spitzen bildet.
Den Eischnee auf dem Rhabarber verteilen. Im 150 °C heißen Ofen ca. 10 Minuten backen und warm oder kalt mit Vanillesauce (siehe Seite 132) servieren.

Rhabarberkompott

Ergibt 4 Portionen

Große Rhabarberstängel haben oft eine recht zähe Haut und sollten daher geschält werden. Bei zarten, dünneren Stängeln ist das nicht nötig.

1 kg Rhabarber
ca. 200 g Zucker nach Geschmack
1 Vanillestange, halbiert
ca. 250 ml Schlagsahne als Garnitur

Rhabarber waschen und in ca. 3 cm lange Stücke schneiden. Rhabarber, Zucker und Vanillestange zusammen aufkochen.
Das Kompott auf schwacher Hitze ca. 15 Minuten gar ziehen lassen. Abkühlen lassen und mit Schlagsahne servieren.

Jedes Jahr lernen wir die
Blumennamen aufs Neue:
Nelkenwurz, Hornklee, Seerose,
Augentrost, Storchenschnabel.
Und Frauenmantel!

Party am Bootssteg

Melone mit Schinken • Gegrillter Spargel mit Parmesan • Kartoffelbrot • Kartoffelsalat mit Honig-Vinaigrette • Gedünstete Kirschtomaten • Lachs in Teriyakimarinade • Stockbrot • Himbeertorte

Melone mit Schinken

Dies ist schon beinahe ein Standardgericht, aber es lässt sich nun einmal nicht leugnen, dass es unglaublich lecker ist und im Sommer irgendwie nicht fehlen darf! Figurbewusste nehmen statt des Schinkens geräuchertes Putenfleisch.

Ergibt 4 Portionen

2 Honigmelonen oder Cantaloupes
150 g geräucherter Schinken, in dünnen Scheiben
1 Hand voll Rauke
50 g Oliven, entsteint
1 El Pinienkerne, in einer trockenen Pfanne leicht geröstet
4 Tl Pesto (siehe Seite 115)
Pfeffer

Die Melone halbieren und die Kerne mit einem Löffel entfernen. Die Hälften auf einer Servierplatte anrichten, mit Schinken belegen und Rauke, Pinienkerne und Pesto darauf verteilen.

Sommerzeit ist Spargelzeit. Meist wird er gekocht oder gedämpft, aber man kann Spargel auch wunderbar grillen! Dazu vorher mit Olivenöl einpinseln.

Gegrillter Spargel mit Parmesan

Ergibt 4 Portionen

1 großer Bund grüner Spargel
Olivenöl
Grobes Meersalz
50 g Parmesan, in dünnen Scheiben
2 Hände voll Rauke

Von den unteren Spargelenden jeweils 5 cm abschneiden und die Spitzen gut mit Olivenöl einpinseln. Auf den heißen Grill legen und häufig wenden, damit sie nicht anbrennen – es dauert nur ca. 2 Minuten, bis sie fertig sind. Spargel schmeckt am besten, wenn er nicht ganz durchgebraten ist. Den fertig gegrillten Spargel auf einer Servierplatte anrichten, mit Olivenöl beträufeln, mit grobem Salz bestreuen und die Parmesanscheiben darauf verteilen. Noch heiß servieren.

Der Sommer soll lang sein. Er soll unendlich sein.
Wir denken gar nicht daran, welchen Tag wir haben.
Schauen von Juni bis August nicht einmal auf die Uhr.
Wir haben soviel anderes im Kopf.

Machen Sie es wie die Italiener und servieren Kartoffeln und Brot in einem einzigen Gericht!

Kartoffelbrot

Ergibt 4 Portionen

Boden:
500 g Mehl
1/2 Paket Trockenhefe
100 ml Olivenöl
1 El Honig
200-300 ml handwarmes Wasser

Belag:
8 Kartoffeln, in dünnen Scheiben
4 Knoblauchzehen, in dünnen Scheiben
4 El Olivenöl
grobes Meersalz
Oregano

Mehl und Hefe in einer Schüssel mischen und mit Öl, Honig und Wasser zu einem geschmeidigen Teig verkneten. Den Teig mit Klarsichtfolie abgedeckt an einem warmen Ort 1 Stunde gehen lassen.
Anschließend den Teig in 4 Portionen teilen und diese zu großen, runden Pizzaböden ausrollen. Mit den Kartoffel- und Knoblauchscheiben belegen, mit Salz bestreuen und mit etwas Olivenöl beträufeln. Im 200 °C heißen Ofen ca. 10–15 Minuten backen. Heiß oder kalt mit etwas Oregano bestreut servieren.

Kartoffelsalat mit Honig-Vinaigrette

Ergibt 4 Portionen

500 g neue Kartoffeln, gewaschen und eventuell halbiert
2 El Olivenöl
2 Mohrrüben, gewürfelt
1 rote Zwiebel, gehackt
4 Knoblauchzehen, gehackt
2 Frühlingszwiebeln, in dünnen Scheiben
50 g schwarze Oliven, entsteint
1 El Pinienkerne
1 El Kürbiskerne
1 Bund Radieschen, grob gehackt

Dressing:
50 ml Olivenöl
1 Tl Balsamicoessig
1 Tl Honig
1 Tl Sojasauce
Pfeffer

Die Kartoffeln in Salzwasser kochen, abgießen und warm halten. Das Öl in einer Bratpfanne erhitzen und Mohrrüben, Zwiebeln, Knoblauch, Oliven, Pinien- und Kürbiskerne zusammen darin andünsten, bis die Zwiebel glasig geworden ist. Mit den Kartoffeln und den gehackten Radieschen in eine Schüssel geben und gut mischen. Das Dressing anrühren und über den Salat geben, unterheben und noch warm servieren.

Gedünstete Kirschtomaten

Kirschtomaten schmecken nicht nur im Salat – wenn man sie dünstet, kann sich der intensive Geschmack erst so richtig entfalten! Servieren Sie sie als leckere Beilage zu gegrilltem Fleisch oder Fisch.

Ergibt 4 Portionen

300 g Kirschtomaten
2 El Olivenöl
1/2 Tl Salz
1 Tl Zucker

Das Öl in einer Pfanne erhitzen und die Tomaten darin dünsten, bis die Haut aufplatzt. Mit Salz und Zucker bestreut servieren.

Lachs in Teriyakimarinade

Teriyaki ist eine süße Sojasauce aus Japan, die sich einfach perfekt als Marinade eignet. Man findet sie in vielen gut sortierten Feinkostgeschäften.

Ergibt 4 Portionen

100 ml Teriyakisauce
2 El Olivenöl
Etwas Weißwein nach Geschmack
1/2 rote Chilischote, fein gehackt
2 Knoblauchzehen, gehackt
4 Lachsfilets mit Haut, je etwa 175 g

Die Schuppen von der Lachshaut entfernen. Die Lachsfilets abspülen und mit Küchenpapier trocken tupfen. Die restlichen Zutaten in einer tiefen Schüssel mischen und den Lachs darin 30 Minuten lang marinieren. Auf den heißen Grill pro Seite je 1 Minute lang garen – am besten in einem Fischgrill, damit die Filets nicht zerfallen. Gegrillter Lachs soll innen noch rosa und saftig sein.

Stockbrot
Wer bei den Pfadfindern war, kann sich daran bestimmt noch gut erinnern!

Den Brotteig nach dem Rezept auf Seite 17 machen und in 10 gleich große Portionen teilen. Die Teigstücke zu langen Würsten rollen und um lange, gerade Zweigstücke wickeln. Auf dem Grill oder im Lagerfeuer gar rösten.

Himbeertorte

Ergibt 6–8 Portionen

Boden:
150 g Butter, in Würfeln
100 g Puderzucker
150 g Mehl
1 Eigelb

Füllung:
400 g Himbeeren
100 g Zucker
Frische Himbeeren zum Belegen

Für den Boden Butter, Puderzucker und Mehl per Hand oder im Mixer verkneten, dann mit dem Eigelb zu einem glatten Teig verarbeiten. In Klarsichtfolie wickeln und mindestens 1 Stunde in den Kühlschrank stellen. Anschließend in eine gut gefettete 26-cm-Tortenbodenform drücken und den Boden mehrmals mit einer Gabel einstechen. Im 200 °C heißen Ofen ca. 5–7 Minuten goldgelb backen. Abkühlen lassen. Sollte der Teig beim Backen von den Außenkanten abrutschen, die Backform aus dem Ofen nehmen, den Teig mit den Fingern wieder nach oben drücken und weiter backen.

Für die Füllung Himbeeren und Zucker zum Kochen bringen und 30 Minuten auf niedriger Kochstufe ziehen lassen, bis die Mischung zu gelieren beginnt. Abkühlen lassen und in den Tortenboden gießen. Mit frischen Himbeeren belegen und mit Vanillesauce (siehe Seite 132) oder Schlagsahne servieren.

Grillparty auf der Terrasse

Gegrillte Hähnchenspieße • Gegrillte Schweinespieße • BBQ-Hähnchen • Salsa • Kartoffelsalat mit Senf und Dill • Paprika- und Auberginensauce • Gegrilltes Gemüse mit Fetakäse und Chilicreme • Gegrillte Ananas und Nektarinen mit Kardamomsirup

Gegrillte Hähnchenspieße

Wenn Sie dazu die selbst gemachte Erdnuss-Sauce servieren, können Sie diese Hähnchenspieße gar nicht schnell genug grillen, so schnell wandern sie vom Teller!

Ergibt 4 Portionen

Bambusspießchen
3 Hähnchenbrüste
1 El Koriander, gemahlen
2 Knoblauchzehen, fein gehackt
2 El Zucker
2 Tl Salz
Öl

Die Bambusspießchen vor dem Grillen eine Stunde lang wässern. Das Hähnchenfleisch in kleine Stücke schneiden. Koriander, Knoblauch, Zucker, Salz und Fleisch in einer Schüssel mischen und 2 Stunden in den Kühlschrank stellen. Die Fleischstückchen auf die Spieße stecken und auf dem heißen Grill 8–10 Minuten grillen. Sie können die Fleischspieße auch in der Pfanne braten. Mit der Erdnusssauce servieren.

Erdnuss-Sauce:
Eine unglaublich leckere Sauce, deren süßlicher Geschmack besonders gut zu Huhn oder Lamm schmeckt.

Ergibt 4–6 Portionen

1 El Erdnussöl
1 El Chilischote, fein gehackt
10 Schalotten, fein gehackt
1 El Koriander, gemahlen
1 Stängel Zitronengras, fein gehackt
500 ml Kokosmilch
3 El Zucker
Salz nach Geschmack
3 El Erdnussbutter
100 g Erdnüsse, gehackt

Das Öl in einem Topf erhitzen und Chili, Schalotten, Koriander und Zitronengras darin dünsten, bis die Zwiebel weich ist. Kokosmilch, Zucker, Salz und Erdnussbutter zugeben und die Sauce 10 Minuten kochen lassen, bis sie abbindet. Wird sie zu dick, etwas Wasser zugeben. In eine Schüssel geben und mit den gehackten Erdnüssen bestreuen. Man kann die Sauce gut vorbereiten, sie hält sich im Kühlschrank etwa 1 Woche.

Gegrillte Schweinespieße

Frisches Schweinefilet ist einfach lecker und zum Grillen besonders gut geeignet!

Ergibt 4 Portionen

Bambusspießchen
600 g Schweinefilet
2 El Olivenöl
2 El Zitronensaft
1 Tl Honig
1 El Sojasauce
1/2 rote Chilischote, fein gehackt
2 Knoblauchzehen, fein gehackt

Die Bambusspießchen vor dem Grillen eine Stunde lang wässern. Das Fleisch in kleine Stücke schneiden. Mit Öl, Zitronensaft, Honig, Sojasauce, Chili und Knoblauch in eine Schüssel geben und darin mindestens 1 Stunde marinieren. Die Fleischstückchen auf die Spieße stecken und auf dem heißen Grill 10–12 Minuten grillen.

Zum Grillen auf echt amerikanische Art gehört natürlich eine herzhafte Barbecue-Sauce. Sie ist schnell selbst gemacht und schmeckt viel besser als die gekaufte. Für Fleisch und Geflügel.

BBQ-Hähnchen

Ergibt 4 Portionen

Barbecue-Sauce:
2 El Olivenöl
1 rote Zwiebel, fein gehackt
2 Knoblauchzehen, fein gehackt
1 El frischer Ingwer, fein gehackt
200 ml Ketchup
50 ml Worcestersauce
1 El Sojasauce
2 El brauner Zucker
1/2 Tl Chilipulver

Das Öl in einem Topf erhitzen und Zwiebel, Knoblauch und Ingwer darin weich dünsten, jedoch nicht braun werden lassen. Die restlichen Zutaten zugeben und unter Rühren aufkochen, dann 10 Minuten unter gelegentlichem Rühren auf schwacher Hitze ziehen lassen. Abkühlen lassen. Die Sauce hält sich im Kühlschrank etwa eine Woche.

1 ganzes Hähnchen
2 rote Zwiebeln, halbiert
2 Knoblauchzwiebeln, im Ganzen, die Spitzen abgeschnitten
2 Zitronen, halbiert

Das Hähnchen in 6–8 Stücke zerschneiden und mit der Barbecue-Sauce einpinseln. Mit Zwiebeln, Knoblauch und Zitronenhälften auf den heißen Grill legen, bis es durchgegart ist – das dauert etwa 10–12 Minuten. Das Fleisch zwischendurch gelegentlich mit der Sauce einpinseln, je mehr, desto besser! Alles auf einer Platte anrichten und sofort servieren.

Salsa

Keine Grillparty ohne Salsa! Dieses Rezept schmeckt zu Fleisch und Fisch genauso gut wie zu Gemüse.

Ergibt 4–6 Portionen

1 rote Chilischote, gehackt
1 gelbe, 1 rote und 1 grüne Paprika, in Stücken
1 rote Zwiebel, gehackt
3 Knoblauchzehen, gehackt
1 Dose Tomatenstücke, durch ein Sieb gegossen
2 El Basilikum, gezupft
Saft einer Limette
Salz und Pfeffer

Alle Zutaten im Mixer pürieren, mit Salz und Pfeffer abschmecken. Vor dem Servieren mindestens 2 Stunden in den Kühlschrank stellen. Dort hält sich die Salsa 3–4 Tage lang.

Kartoffelsalat mit Senf und Dill

Ergibt 4 Portionen

6–10 Kartoffeln, gern neue Kartoffeln
1 rote Zwiebel, fein gehackt
2 El Petersilie, fein gehackt
2 El Dill, fein gehackt
50 g Fetakäse, in Würfeln
10–12 schwarze Oliven, entsteint
50 ml Olivenöl
2 El Senf
Salz und Pfeffer

Die Kartoffeln in Salzwasser gar kochen, abgießen und in Würfel schneiden. Mit Zwiebeln, Kräutern, Käse und Oliven in eine Schüssel geben. Olivenöl und Senf verrühren und mit Salz und Pfeffer abschmecken, über den Salat geben und gut mischen. Kalt servieren.

Paprika- und Auberginensauce

Ergibt 4–6 Portionen

1 große Aubergine
2 rote Paprika, halbiert
4 Knoblauchzehen
2 El Olivenöl
1 Hand voll Pinienkerne, leicht geröstet
2 El Zitronensaft
3 El Petersilie, gehackt
Salz und Pfeffer

Den Ofen auf 200 °C vorheizen. Die Aubergine und die Paprikahälften und den Knoblauch auf ein Backblech legen und mit dem Öl beträufeln. 15–20 Minuten im Ofen grillen, bis die Paprikaschale schwarz zu werden beginnt. Abkühlen lassen. Die Aubergine halbieren und das Fruchtfleisch heraus schaben. Die Haut der Paprika abziehen. Das Gemüse mit den übrigen Zutaten im Mixer pürieren und mit Salz und Pfeffer abschmecken.

Dies ist eine Super-Grillsauce! Am allerbesten schmeckt sie natürlich frisch gemacht, aber sie hält sich in einem Deckelglas im Kühlschrank 2–3 Tage.

Gegrilltes Gemüse mit Fetakäse und Chilicreme

Ergibt 4 Portionen

Käse-Chilicreme:
150 g Fetakäse
2 El Olivenöl
2 Knoblauchzehen, gehackt
1/2 rote Chilischote, gehackt
2 El Petersilie, gehackt

Alle Zutaten im Mixer pürieren, bis die Mischung eine cremige Konsistenz hat.

Gegrilltes Gemüse:
1 Sommerkürbis, in Scheiben
1 Aubergine, in Scheiben
2 Fenchelknollen, in Würfeln
2 rote Zwiebeln, halbiert
4 Knoblauchknollen, die Spitzen abgeschnitten
Olivenöl
Salz und Pfeffer

Das Gemüse mit Olivenöl einpinseln und mit Salz und Pfeffer abschmecken. Auf dem heißen Grill garen und mit der Käse-Chilicreme servieren.

Man kann sogar Obst grillen! Nehmen Sie dafür Früchte mit festem Fleisch, wie etwa Ananas, Äpfel, Pfirsiche oder Aprikosen.

Gegrillte Ananas und Nektarinen mit Kardamomsirup

Ergibt 4 Portionen

100 ml Wasser
2 El Kardamomkapseln
1 Stängel Zitronengras, in hauchdünnen Scheiben
1 Vanillestange, halbiert, das Mark herausgeschabt
1 Ananas, in Scheiben
4 Nektarinen, halbiert, entsteint
8 Löffelbisquits

Zucker und Wasser aufkochen lassen. Zitronengras, Kardamom und Vanille zugeben und die Mischung auf schwacher Hitze etwa 30 Minuten zu Sirup einkochen. Abkühlen lassen.
Die Obststücke auf den heißen Grill legen und mit dem Kardamomsirup einpinseln. Pro Seite etwa 1 Minute grillen. Mit Löffelbisquits und dem restlichen Sirup servieren.

Salate

Lachs- und Kartoffelsalat mit Zitronenmayonnaise • Warmer Pastasalat mit Süßkartoffeln und Fetakäse • Linsensalat mit Scampi und Minzjoghurt • Lasagne-Salat • Bohnensalat mit Chili und Fetakäse • Panzanella-Salat • Couscous-Salat mit Frühlingszwiebeln, Tomaten und Zitronen • Avocado- und Walnuss-Salat mit warmem Senfdressing • Gegrillte Tomaten und Bohnensalat • Aioli und Dressings

Lachs- und Kartoffelsalat mit Zitronenmayonnaise

Für diesen Salat nehmen Sie am besten ungeschälte neue Kartoffeln. Versuchen Sie es auch einmal mit geräuchertem statt gekochtem Lachs. Und die Zitronenmayonnaise schmeckt wunderbar zu gebackenen Kartoffeln!

Ergibt 4 Portionen

Zitronenmayonnaise:
1 Eigelb
3 El Zitronensaft
abgeriebene Schale einer Zitrone
Salz und Pfeffer
100 ml mildes Olivenöl

Dressing:
100 ml Olivenöl
3 El Zitronensaft
1 El Rotweinessig
Salz und Pfeffer
2 El Minze, fein gehackt
1 El Dill, fein gehackt
1 Frühlingszwiebel, fein gehackt
1 El kleine Kapern

500 g neue Kartoffeln
250 gekochter Lachs, in Stücken

Für die Mayonnaise das Eigelb mit Zitronensaft und -schale, Salz und Pfeffer in einer Schale verrühren. Das Öl unter ständigem Rühren in dünnem Strahl zugeben. Sollte die Mayonnaise gerinnen, etwas eiskaltes Wasser einrühren.
Für das Dressing Olivenöl, Zitronensaft, Essig, Salz und Pfeffer gut verühren. Dann Minze, Frühlingszwiebel und Kapern zugeben.
Die Kartoffeln gar kochen und ungeschält noch warm in Scheiben schneiden. Auf einen Servierteller geben, mit dem Dressing mischen und die Lachsstücke darauf verteilen. Mit der Mayonnaise übergossen servieren.

Warmer Pastasalat mit Süßkartoffeln und Fetakäse

Süßkartoffeln sind, wie der Name schon sagt, leicht süßlich im Geschmack und haben einen sehr attraktiven orangen Farbton. Wer keine Süßkartoffeln findet, nimmt einfach normale Kartoffeln oder auch Mohrrüben.

Ergibt 4 Portionen

400 g Süßkartoffeln, geschält, in Würfeln
2 El Olivenöl
300 g Pastaspiralen
1 Bund grüner Spargel, in Stücken
50 g grüne Bohnen
200 g Fetakäse, in Stücken
3 große Hände voll Rauke
2 El Pinienkerne, leicht geröstet
2 El Balsamicoessig
2 El Olivenöl
Pfeffer

Die Süßkartoffeln mit dem Olivenöl in eine ofenfeste Form geben. Im 200 °C heißen Ofen ca. 15–20 Minuten goldbraun garen. Die Pasta in gut gesalzenem Wasser bissfest kochen, abgießen. Den Spargel in gut gesalzenem Wasser gar kochen, abgießen. Süßkartoffeln, Pasta, Spargel und Bohnen in eine Salatschüssel geben. Fetakäse, Rauke und Pinienkerne dazu geben und gut unterheben. Mit Balsamicoessig und Öl beträufeln und mit Salz und Pfeffer abschmecken – fertig!

Linsensalat mit Scampi und Minzjoghurt

Linsen haben die wunderbare Eigenschaft, Aroma aufzunehmen, wenn sie heiß sind. Anstatt der Scampi können Sie auch Garnelen oder gegrillten Fisch nehmen.

Ergibt 4 Portionen

250 g Linsen
Wasser
2 Frühlingszwiebeln, in dünnen Ringen
4 El Olivenöl
2 El Rotweinessig
1/2 Chilischote, fein gehackt
Salz und Pfeffer
1 Tl Koriander, gemahlen
1 Tl Kümmel, gemahlen
20 Scampi, gewaschen
2 gute Hände voll Rauke
100 g grüne Bohnen, gekocht

Joghurtdressing:
200 ml Joghurt natur
2 El Limettensaft
Salz
4 El, Minze, fein gehackt

Die Linsen in einen Topf geben und mit Wasser aufgießen, bis sie gerade bedeckt sind. Etwa 15 Minuten köcheln lassen, abgießen. Die heißen Linsen mit Olivenöl, Frühlingszwiebeln, Essig, Chili, Salz und Pfeffer, Koriander und Kümmel in eine Schüssel geben und gut mischen. Die Scampi in etwas Öl von jeder Seite etwa 1 Minute braten. Für das Dressing Joghurt, Limettensaft, Salz und Minze verquirlen. Die Linsen mit der Rauke, Scampi und Bohnen auf einer Servierplatte anrichten und mit dem Dressing übergießen.

Linsen haben die wunderbare Eigenschaft, Geschmack aufzunehmen, wenn sie heiß sind. Anstatt der Scampi können Sie auch Garnelen oder gegrillten Fisch nehmen.

Lasagne-Salat

Eine Mischung aus Lasagne und Salat!

Ergibt 4 Portionen

4 El Olivenöl
400g Tomaten, gehäutet und gehackt
50 g sonnengetrocknete Tomaten, gehackt
1 Sommerkürbis, in Würfeln
300 g Ricotta oder Hüttenkäse
2 El Basilikum, gezupft
1 El fertige Pestosauce
12 Blatt grüne Lasagne
Salat
Salz und Pfeffer

Das Öl in einer Pfanne erhitzen und Tomaten, sonnengetrocknete Tomaten und Kürbis auf niedriger Kochstufe weich dünsten. Ricotta, Basilikum und Pesto verrühren. Die Pasta in gut gesalzenem Wasser bissfest kochen, abgießen. Die Pasta lagenweise mit dem Salat, der Ricottamischung und dem Gemüse anrichten und mit Salz und Pfeffer abschmecken.

Bohnensalat mit Chili und Fetakäse

Ergibt 4 Portionen

50 ml Olivenöl
6 Knoblauchzehen, in dünnen Scheiben
1 rote Chilischote, entkernt, in dünnen Ringen
1 kleine rote Zwiebel, in dünnen Ringen
400 g weiße Bohnen (Canellini), frisch gekocht oder aus der Dose
2 Frühlingszwiebeln, in dünnen Ringen
150 g Fetakäse, in Würfeln
3 El Petersilie, fein gehackt
1 El Basilikum, gezupft
Salz und Pfeffer

Das Öl in einer Pfanne erhitzen und Knoblauch, Zwiebeln und Chili darin weich dünsten. Achten Sie darauf, dass der Knoblauch nicht anbrennt! Die restlichen Zutaten in eine Salatschüssel geben, die Zwiebelmischung darüber gießen und alles gut mischen. Mit Salz und Pfeffer abschmecken.

Dieser Salat ist ziemlich scharf – Sie sollten selbst entscheiden, wieviel Chilischote hinein soll. Scharf gewürzte Speisen schmecken übrigens besonders gut, wenn es heiß ist!

Panzanella-Salat

Ein italienischer Klassiker und die perfekte Art und Weise, das Baguette von gestern zu verwerten!

Ergibt 4 Portionen

2 Hähnchenfilets
2 El Olivenöl
3 Knoblauchzehen, fein gehackt
1/2 rote Chilischote, fein gehackt
Pfeffer
50 g Weißbrot, gewürfelt
2 El Olivenöl
300 g Canellini, gekocht
3 Tomaten, gewürfelt
1 rote Zwiebel, in dünnen Scheiben
50 g schwarze Oliven
1 Bund Basilikum, gezupft
50 ml Olivenöl
1 El Balsamicoessig
Pfeffer

Olivenöl, Knoblauch, Chili und Pfeffer verrühren und das Hähnchenfleisch darin 30 Minuten marinieren. Anschließend von beiden Seiten je 7–8 Minuten braten. Abkühlen lassen und in Scheiben schneiden. Die Brotwürfel in dem Olivenöl braun rösten. Fleisch und Brotwörfel mit den restlichen Zutaten in eine Salatschüssel geben und gut Mischen. Mit Olivenöl und Balsamicoessig beträufeln und mit Salz und Pfeffer abschmecken.

Couscous-Salat mit Frühlingszwiebeln, Tomaten und Zitronen

Dieser typisch marokkanische Salat schmeckt im Sommer sehr erfrischend. Er passt auch ausgezeichnet zu gegrillten Hähnchen.

Ergibt 4 Portionen

400 g Couscous, nach Packungsanweisung gekocht
4 Tomaten, entkernt und gehackt
3 Frühlingszwiebeln, in dünnen Ringen
1 kleines Bund Petersilie, fein gehackt
50 ml Olivenöl
4 El Zitronensaft
1/2 Tl Salz

Couscous, Tomaten, Frühlingszwiebeln und Petersilie in eine Salatschüssel geben und gut mischen. Das Öl mit dem Zitronensaft und dem Salz verquirlen und über den Salat geben.

Avocado- und Walnuss-Salat mit warmem Senfdressing

Ergibt 4 Portionen

2 große, reife Avocado
3 El Zitronensaft
50 g Walnüsse
7–8 sonnengetrocknete Tomaten, gewürfelt
3 große Hände voll Rauke, gewaschen und abgetropft
1 El grober Senf
3 El Olivenöl
Pfeffer

Die Avocado schälen, den Stein entfernen und das Fruchtfleisch in dicke Streifen schneiden. Mit dem Zitronensaft beträufeln, damit sie sich nicht braun färben und mit den Walnüssen, den Tomaten und der Rauke in eine Salatschüssel geben. Senf und Öl in einem kleinen Topf vorsichtig erwärmen. Das warme Dressing über den Salat geben und gut mischen – fertig.

Um zu testen, ob die Avocado reif ist, drücken Sie leicht auf das Stielende. Es soll leicht nachgeben. Wenn Sie nur unreife Avocados finden, tun Sie sie einfach zusammen mit einem Apfel in eine Papiertüte, dann reifen sie schneller!

Gegrillte Tomaten und Bohnensalat

Der Geschmack von Tomaten entfaltet sich erst richtig, wenn sie erwärmt werden. Versuchen Sie, Kirschtomaten in Rispen zu finden. Dieses Gericht funktioniert auch mit normalen Tomaten, aber diese müssen dafür halbiert werden. Dieser Salat passt sehr gut zu gegrilltem Fisch!

Ergibt 4 Portionen

4 Kirschtomatenrispen
3 El Olivenöl
400 g weiße Bohnen (Canellini), frisch gekocht oder aus der Dose
1 kleine rote Zwiebel, fein gehackt
1 Knoblauchzehe, fein gehackt
2 El Petersilie, fein gehackt
3 El Olivenöl
Saft 1/2 Zitrone
Salz und Pfeffer

Die Tomaten in eine ofenfeste Form legen und mit dem Olivenöl beträufeln. Im 200 °C heißen Ofen 5–8 Minuten dünsten, bis die Haut platzt. Bohnen, Zwiebeln, Knoblauch, Petersilie, Olivenöl und Zitronensaft gut mischen und mit Salz und Pfeffer abschmecken. Die Tomaten mit dem Bohnensalat auf Tellern anrichten und servieren.

Kräuteröl

Dieses leckere Öl eignet sich als Marinade und als Dressing. Etwa 200 ml Olivenöl und Limettenscheiben, Rosmarin, Chili und Pfefferkörner in eine Schale geben und 2–3 Stunden stehen lassen, damit sich der Geschmack gut entfaltet.

Avocado-Aioli

In dieser Variante des französischen Dressings wird der traditionelle Knoblauch durch Avocado ersetzt. Das gibt dem Aioli einen milderen, runderen Geschmack. Man sollte es nach Möglichkeit sofort servieren, aber es hält sich ungefähr einen Tag lang im Kühlschrank.

Ergibt 2 Portionen

2 Eigelb
Saft von 2 Zitronen
1 Avocado, gewürfelt
Salz und Pfeffer
Etwa 200 ml Olivenöl

Alle Zutaten außer dem Öl im Mixer gut mischen, dann bei laufendem Motor das Olivenöl in dünnem Strahl zugeben, bis die Sauce eine dicke, cremige Konsistenz hat. Wird sie zu dick, kann man etwas handwarmes Wasser zusetzen.

Minz-Joghurtdressing

Ein superleckeres Dressing, das am allerbesten zu Krustentieren passt – oder als Alternative zur Mayonnaise auf das Krabbenbrot!

Ergibt 4 Portionen

250 ml Joghurt
2 El Limettensaft
2 Tl asiatische Fischsauce
4 El Minze, fein gehackt

Alle Zutaten in eine Schüssel geben und gut verrühren. Hält sich im Kühlschrank etwa einen Tag lang.

Warmes Knoblauchdressing

Dressings müssen nicht immer kalt sein!

Ergibt 4 Portionen

6 El Olivenöl
3 Knoblauchzehen, in dünnen Scheiben
2 Tl Kapern, in kaltem Wasser abgespült
2 El Zitronensaft
2 El Thymian, fein gehackt
Pfeffer

Das Öl in einem Topf erhitzen und den Knoblauch darin andünsten. Darauf achten, dass er nicht anbrennt! Kapern, Zitronensaft, Thymian und Pfeffer zugeben und das noch warme Dressing über den Salat geben.

Parmesandressing

Dieses Dressing ist auch lecker als Pastasauce!

Ergibt 4 Portionen

6 El Olivenöl
1 Tl Balsamicoessig
2 El geriebener Parmesan
Salz und Pfeffer

Unmittelbar vor dem Servieren alle Zutaten in einer Schale gut verrühren und über Salat oder Pasta geben.

Tomaten-, Basilikum- und Ingwerdressing

Eine wunderbare Alternative zur unvermeidlichen, fertig gekauften rosa Salatsauce!

Ergibt 4 Portionen

100 ml Olivenöl
200 g Tomaten, abgezogen und entkernt oder Tomaten aus der Dose
1 kleines Bund Basilikum
2 cm frischer Ingwer, gerieben
Salz und Pfeffer

Alle Zutaten im Mixer pürieren und mit Salz und Pfeffer abschmecken. Bei Zimmertemperatur servieren.

Basilikumpesto

Man kann sich ein Leben ohne Pestosauce kaum mehr vorstellen! Machen Sie am besten eine größere Menge und lassen Ihre Fantasie dabei frei spielen. Pesto ist nämlich äußerst vielseitig: es schmeckt zum Beispiel zu Pasta, Salat oder auf Bruschetta. Im Kühlschrank hält es sich nur etwa einen Tag, danach verliert es viel an Geschmack.

Ergibt 4 Portionen

1 Topf Basilikum
Salz
70 g frischer Parmesan, gerieben
3 El Pinienkerne
2 Knoblauchzehen
150 ml Olivenöl

Die Basilikumblätter mit dem Salz etwa 2–3 Sekunden im Mixer zerkleinern. Die Pinienkerne in einer trockenen Bratpfanne goldgelb rösten. Die restlichen Zutaten mit den Pinienkernen und 2 El Olivenöl im Mixer pürieren, dann das restliche Öl bei laufendem Motor in dünnem Strahl zugeben.
Machen Sie Pesto stets etwa 2–3 Stunden vor dem Servieren, damit sich der Geschmack voll entfalten kann.

Rote Pestosauce

Ergibt 4 Portionen

100 g sonnengetrocknete Tomaten in Öl
50 g Parmesan, gerieben
1 große Hand voll Pinienkerne
2 El Petersilie, gehackt
150 ml Olivenöl

Die Tomaten hacken und mit dem Parmesan im Mixer zerkleinern. Die Pinienkerne in einer trockenen Bratpfanne goldgelb rösten. Pinienkerne und Petersilie und 2 El Olivenöl im Mixer pürieren, dann das restliche Öl bei laufendem Motor in dünnem Strahl zugeben.

Drinks

Eiswürfel mit Beeren • Erdbeer-Daiquiri • Mojito • Großmutters Limonade • Rhabarberlimonade • Vodka mit Ingwer und Johannisbeeren • Limonade mit Kiwi und Honigmelone • Limonade mit Wassermelone und Rosenwasser • Melonen-Smoothie • Aprikosen-, Bananen- und Erdbeer-Smoothie

COSTA DE AROSA
PRIMA
SCELTA
BERNI
TONNO ... OLIO DI OLIVA

Eiswürfel mit Beeren

Eine superleichte Methode, sommerliche Drinks zu verschönern!

Einfach einen Eiswürfelbehälter mit Sommerbeeren wie Johannisbeeren, Himbeeren, Erdbeeren oder Blaubeeren füllen und mit Wasser aufgießen, einfrieren – fertig!

Mojito

Ergibt 1 Portion

2 Tl brauner Zucker
3 El Limettensaft
frische Minze
4 cl weißer Rum
Club Soda
Limettenscheiben
zerstoßenes Eis

Zucker, Limettensaft und Minze verrühren und in ein Longdrinkglas füllen. Mit zerstoßenem Eis auffüllen und den Rum darüber gießen. Mit Limettenscheiben und Minze garniert servieren.

Großmutters Limonade

Ergibt 4–6 Portionen

Limonadenkonzentrat:
15 unbehandelte Zitronen, halbiert
300 g Zucker
500 ml Wasser

Zum Servieren:
zerstoßenes Eis
Zitronenscheiben
Zitronenmelisse
Wasser

Die Zitronen auspressen und Saft sowie Schalen mit Zucker und Wasser in einen Topf geben und aufkochen lassen. Auf schwacher Hitze 30 Minuten ziehen lassen, die Schalen herausnehmen und noch einmal 30 Minuten ziehen lassen. Anschließend durch ein Sieb gießen und abkühlen lassen. Das Konzentrat hält sich etwas 14 Tage im Kühlschrank. Zum Servieren 1 Teil Konzentrat mit 3 Teilen Wasser aufgießen und mit zerstoßenen Eis, Zitronenscheiben und Zitronenmelisse garnieren.

Erdbeer-Daiquiri

Ergibt 1 Portion

4 cl weißer Rum
1 El Zucker
Saft 1/2 Zitrone
5 große Erdbeeren
Zerstoßenes Eis

Alle Zutaten im Mixer zerkleinern, bis das Eis fein zerstoßen ist. In ein Glas füllen und sofort servieren.

Ti Kuan Yin

Rhabarberlimonade

Der leicht säuerliche Rhabarbergeschmack passt gut zu Limonade und sorgt zudem für eine schöne Färbung.

Ergibt 4–6 Portionen

6 Zitronen, halbiert
100 g Rhabarber, in Stücke geschnitten
200 g Zucker
300 ml Wasser
Limettenscheiben und frische Minze zum Garnieren

Den Zitronensaft auspressen und mit dem Rhabarber, Zucker und Wasser aufkochen, dann auf schwacher Hitze 10 Minuten ziehen lassen. Die Flüssigkeit abseihen und abkühlen lassen. Zum Servieren 1 Teil Konzentrat mit 3 Teilen Wasser aufgießen und mit zerstoßenem Eis, Limettenscheiben und Minze garnieren.

Vodka mit Ingwer und Cranberrysaft

Moosbeerensaft – oder Cranberrysaft, wie die handelsübliche Bezeichnung lautet, ist gesund, in den USA sehr beliebt und auch bei uns in gut sortierten Lebensmittelgeschäften erhältlich.

Ergibt 2 Portionen

zerstoßenes Eis
6 cl Vodka
200 ml Ginger Ale
400 ml Cranberrysaft
Rote Johannisbeeren und frische Minze zum Garnieren

Zwei Longdrinkgläser mit zerstoßenem Eis füllen. Vodka, Ginger Ale und Cranberryjuice darüber gießen und mit roten Johannisbeeren und frischer Minze garnieren.

Limonade mit Kiwi und Honigmelone

Für dieses Rezept benötigen Sie einen Entsafter.

Ergibt 4 Portionen

1 kleine Honigmelone, in Stücke geschnitten
3 Kiwi, in Stücke geschnitten
Saft von 8 Limetten
200 g Zucker (oder je nach Geschmack)
300 ml Wasser
zerstoßenes Eis
Limettenscheiben

Die Honigmelone im Entsafter auspressen. Die Kiwi im Mixer pürieren. Melone und Kiwi in einem Krug mit Limettensaft, Zucker und Wasser mischen. Mit zerstoßenem Eis und Limettenscheiben in Longdrinkgläsern servieren.

Limonade mit Wassermelone und Rosenwasser

Ergibt 4 Portionen

300 g Wassermelone, in Stücke geschnitten
1 El Rosenwasser (nach Geschmack)
1 El Zitronensaft
500 ml Limonade (siehe Seite 120)
zerstoßenes Eis

Wassermelone, Rosenwasser, Zitronensaft und Limonade im Mixer verquirlen. Auf zerstoßenem Eis servieren.

Melonen-Smoothie

Da der Melone reinigende Wirkung nachgesagt wird, ist dieser Smoothie ein wunderbarer Start in den Tag! Je nach Melonenart ergibt sich eine andere Farbe.

Ergibt 2 Portionen

200 g Melone (zum Beispiel Cantaloupe, Honig- oder Wassermelone), in Stücke geschnitten
1 El Zucker
100 ml Joghurt natur
300 ml Milch

Alle Zutaten im Mixer gut verquirlen und in gekühlten Gläsern servieren.

Aprikosen-, Bananen- und Erdbeer-Smoothie

Dies ist der Lieblings-Smoothie aller Kinder!

Ergibt 2 Portionen

1 Banane, in Scheiben
3 reife Aprikosen, entsteint,
in Stücke geschnitten
10 große Erdbeeren
Saft von 1 Orange
2 El Vanilleeis
200 ml Milch

Alle Zutaten im Mixer gut verquirlen und in gekühlten Gläsern servieren.

Eis und Desserts

Sahneeis • Erdbeereis-Sandwich • Orangeneis mit Kardamom • Joghurteis • Fruchteislollies • Orangen- und Zitronengranita • Melonen- Erdbeersalat • Melonencreme mit Vanillesauce

Sahneeis

Es gibt einfach nichts Besseres als selbst gemachte Eiscreme. Außer natürlich der Bewunderung, die Ihnen Ihre Gäste dafür entgegen bringen werden! Dieses Rezept kommt aus Italien. Man kann es beliebig variieren, zum Beispiel mit Beerenobst, Schokolade oder Kräutern und Gewürzen. Wir haben Honigmelone verwendet. Nehmen Sie das Eis stets eine Weile vor dem Servieren aus dem Gefrierschrank. Es hält sich dort übrigens bis zu drei Wochen.

Ergibt etwa 1,5 l Eiscreme

1 l Sahne
5 Eigelb
275 g Zucker
(100 g Honigmelone, in kleine Würfel geschnitten)

Die Sahne vorsichtig erhitzen, aber nicht kochen lassen. Eigelb und Zucker schaumig schlagen. Mit 2 El der warmen Sahne verrühren, dann unter Rühren den Rest des Eischaumes in einem dünnen Strahl dazu geben. Die Mischung auf schwacher Hitze weiter rühren, bis sie leicht eingedickt ist. Achtung – nicht kochen lassen! Abkühlen lassen und die Geschmacksstoffe zusetzen (hier die Honigmelone). Wenn Sie eine Eismaschine besitzen, geben Sie die Mischung hinein und stellen die Eiscreme darin fertig. Es ist jedoch auch nicht schwer, wenn Sie keine Eismaschine haben. Stellen Sie den Behälter mit der Eiscrememasse einfach in den Gefrierschrank und rühren die Masse alle halbe Stunde kräftig um, bis die Eiscreme die gewünschte Konsistenz hat. Das ist wichtig, weil sich sonst lange Eiskristalle bilden, durch die Eiscreme hart und klumpig wird.

Erdbeereis-Sandwich

Ergibt 8–10 Portionen

1 l Vanilleeis
500 g Erdbeeren, geputzt
16–20 runde Kekse

Vanilleeis und Erdbeeren im Mixer gut mischen. Die Erdbeermasse für mindestens eine Stunde zurück in den Gefrierschrank stellen. Zum Servieren mit den Keksen Eiscreme-Sandwiches zubereiten.

Orangeneis mit Kardamom

Orangen mit Kardamom sind eine wirklich himmlische Kombination!

Ergibt etwa 1 Liter Eiscreme

3 El grüne Kardamomkapseln
Saft und abgeriebene Schale von 3 Orangen
250 ml Milch
250 ml Sahne
4 Eigelb
150 g Zucker

Die Kardamomkapseln im Mörser fein zerstoßen. Kardamom, Milch und Sahne zusammen auf schwacher Wärme erhitzen, aber nicht kochen lassen. Den Topf vom Herd nehmen und 30 Minuten stehen lassen, damit sich der Kardamomgeschmack voll entfaltet. Abseihen. Orangensaft und -schale zusammen erhitzen und auf etwa die Hälfte der Flüssigkeit einkochen. Abkühlen lassen, derweil die Milch-Sahnemischung wieder erwärmen. Eigelb schaumig schlagen und 2 El der Sahnemischung darunter rühren, dann unter ständigem Rühren in einem dünnen Strahl zurück in die Milch geben. Nun den Zucker zugeben. Die Mischung auf schwacher Hitze weiter rühren, bis sie leicht eingedickt ist. Nicht kochen lassen, da sie sonst leicht gerinnt. Abkühlen lassen und den Orangensirup zusetzen. Die Masse in die Eismaschine geben oder in den Gefrierschrank stellen, dabei jedoch die Eiscreme alle halbe Stunde gut umrühren, damit sie schön geschmeidig wird.

Joghurteis

Durch den säuerlichen Geschmack ist diese Eiscreme besonders erfrischend!

Ergibt etwa 1 Liter Eiscreme

1/2 l Waldbeerenjoghurt
500 tiefgefrorene Waldbeeren,
etwa Blaubeeren und Brombeeren
2 El Zitronensaft
1–2 El Zucker nach Geschmack

Joghurt, Waldbeeren, Zitronensaft und Zucker im Mixer gut verrühren. Die Mischung in der Eismaschine fertig stellen oder auf Förmchen verteilen und in den Gefrierschrank stellen.

Fruchtsaft-Eislollies

Dies ist seit Menschengedenken ein Kinder-Klassiker – aber wetten, dass auch die Großen begeistert sind, wenn Sie der Mischung einen Schuss Vodka zugeben? Am Vortag zubereiten.

Ergibt etwa 20 Stück

1 großer Becher Himbeeren
1 großer Becher Blaubeeren
Etwa 700 ml Brombeer-, Himbeer- oder Cranberrysaft
Zucker nach Geschmack

Alle Zutaten im Mixer gut mischen, auf Eislolli-Förmchen verteilen und eine Nacht in den Gefrierschrank stellen. Wer keine Förmchen hat, kann auch kleine Papp- oder Plastikbecherchen nehmen.

Orangen- und Zitronengranita

Granita ist eine italienische Spezialität. Sie wird wegen ihrer recht starken Säure vorwiegend von Erwachsenen geschätzt. Das leichte und frische Dessert ist der ideale Abschluss für eine Grillmahlzeit!

Ergibt 4–6 Portionen

250 g Zucker
300 ml Wasser
250 ml Zitronensaft
250 ml Orangensaft
1 Tl geriebene Orangenschale

Das Wasser aufkochen, den Zucker darin auflösen, abkühlen lassen. Zitronen- und Orangensaft und Orangenschale zugeben, die Flüssigkeit in einer verschließbaren Schüssel in den Gefrierschrank stellen. Alle halbe Stunde kräftig umrühren, bis die Granita ihre typische feinkörnige Konsistenz hat. Deckel aufsetzen und bis zum Servieren im Gefrierschrank aufbewahren. Es hält sich dort bis zu einer Woche.

Wassermelonen- Erdbeersalat

Ergibt 4 Portionen

1/4 Wassermelone
Ein Körbchen Erdbeeren
Zucker nach Geschmack
Saft 1/2 Zitrone
2 El Zitronenmelisse, fein gehackt

Wassermelone und Erdbeeren in kleine Stücke schneiden. Zucker und Zitronensaft zugeben und gut mischen. Den Salat etwa eine halbe Stunde bei Zimmertemperatur stehen lassen, damit sich der Geschmack entfaltet. Unmittelbar vor dem Servieren die Zitronenmelisse unterheben.

Melonencreme mit Vanillesauce

Vanillesauce mit echter Vanille schmeckt doch ganz einfach besser als gekaufte!

Ergibt 4 Portionen

1 Honigmelone oder Cantaloupe
1 El Zucker

Vanillesauce:
3 Eigelb
2 El Zucker
200 ml flüssige Sahne
1 Vanillestange
200 ml Schlagsahne, steif geschlagen

Die Melone halbieren, schälen und die Kerne entfernen und grob hacken. Mit dem Zucker im Mixer zu einem cremigen Püree verarbeiten. Die Creme auf 4 Gläser verteilen. Eigelb, Zucker und Sahne in einem Topf verquirlen. Das Mark aus der Vanillestange schaben und dazu geben. Unter Rühren leicht erhitzen, bis die Sauce abzubinden beginnt – jedoch nicht kochen, da sie sonst leicht gerinnt. Die abgekühlte Sauce mit der steif geschlagenen Sahne mischen und über die Melonencreme geben.

Erdbeeren in Schokolade – einfach wunderbar! Erhitzen Sie dafür eine Tafel Kuvertüre im Wasserbad und tauchen knackfrische Erdbeeren zur Hälfte in die Schokoladenmasse.

Draußen im Grünen

Ideen für Garten und Terrasse • Pflanzgefäße • Tischdekorationen • Hängebank • Garten-Dusche • Kerzenleuchter • Außen-Küche

Gartenmöbel aus Teak sind ein unverwüstlicher Klassiker und widerstehen jahrzehntelang Wind und Wetter. Wenn man sie nicht regelmäßig mit Öl behandelt, entwickeln sie recht schnell eine typische, silbergraue Patina.

Die alten Munitionskisten verbringen ihren Ruhestand als Fensterkästen, in denen die Pelargonien einfach prächtig zur Geltung kommen. Wir haben einige Löcher in die Böden gebohrt, damit das Regenwasser abläuft und die Wurzeln nicht anfaulen können.

Eine grüne Oase

Schaffen Sie sich eine kleine, abgeschirmte grüne Oase, in der man auch mitten in der Großstadt lauschige Abende verbringen kann! Hier sorgen Klettergewächse und farbenfrohe Gartenmöbel für eine entspannte, einladende Atmosphäre.

Das warme Ziegelrot der Bodenfliesen passt ideal zu kleinen Gärten, in denen man überwiegend auf Pflanzgefäße angewiesen ist. Das überschüssige Regenwasser läuft aus Pflanzkästen und Terrakottatöpfen und versickert zwischen den Ziegelplatten.

Flusskiesel und Feldsteine mit ihren natürlichen, abgerundeten Formen geben selbst kleinen, winkeligen Ecken einen zwanglosen, natürlichen Touch.

Frühstück unter Apfelblüten: das „Tischtuch“ besteht aus drei Stoffbahnen in verschiedenen Stoffmustern, die einfach auf die passende Größe zurecht geschnitten wurden, die Kanten blieben ungesäumt. Allerlei Sommerblumen stehen in Vasen aus leeren Marmeladengläsern und das frische Obst ist einladend auf einer Etagere angerichtet.

Hängebank
Ein idyllisches Plätzchen zum Lesen und Träumen: wir haben einer alten Gartenbank die Beine abgesägt und sie weiß gestrichen. Dann wurden Löcher in alle vier Ecken gebohrt und stabile Seile zum Aufhängen hindurchgezogen. Dafür braucht man natürlich einen Baum mit starken Ästen, die das Gewicht von mehreren Erwachsenen gut aushalten können.

Mini-Treibhaus
Trennen Sie mit einem Brotmesser den Boden einer Plastikflasche ab. Der Verschluss dient als Luftventil und verhindert Schimmelbildung. Durch die Zierkiesel hält sich die Feuchtigkeit länger im Boden.

Mini-Küchengarten
In der alten Zinkwanne mit löcherigem Boden wachsen nun Tomaten, Rauke und Zierwicken. Als praktisches und zugleich dekoratives Spalier wurde ein Arm voll Reisig einfach in den Boden gesteckt.

Eine Dusche im Garten

Wenn Sie die Möglichkeit haben, einen Wasseranschluss in den Garten zu legen, können Sie sich so eine Außendusche basteln. Das ist kinderleicht: einfach einen alten Brausekopf mit einer Klemme an einem Gartenschlauch befestigen und in eine Astgabel einhängen. Wer hat, stellt eine alte Leiter als Handtuch- und Kleiderständer daneben. Oder man macht sie aus abgesägten Ästen und Bindfaden einfach selbst.

Muschelgirlanden

Bevor Sie Ihre Strandfunde zu solchen dekorativen Girlanden verarbeiten, sollten Sie sie gründlich waschen – sonst fangen sie beim Austrocknen womöglich an zu stinken. Die Muscheln und Schnecken einzeln auffädeln und jeweils mit einem Knoten fixieren.

Leuchter
Aus etwas Draht und leeren Marmeladengläsern werden im Handumdrehen dekorative Windlichter.

Kerzenhalter
Wer lange genug sucht, findet am Strand bestimmt Steine, deren Löcher groß genug sind, um eine Kerze hineinzustecken. Je mehr, desto hübscher!

Tischtuchgewichte
An windigen Tagen müssen Tischtuchgewichte her. Unsere bestehen aus Strandkieseln, die mit Sekundenkleber an Gardinenklammern befestigt wurden. Draht geht aber ebenso gut.

Tischkartenhalter
Verspielte Naturen basteln aus Draht und Kieseln fantasievolle Tischkarten- oder Fotoständer.

Im Sommer schüttet die Natur ein wahres Füllhorn mit Schätzen aus. Strandkieseln in allen Größen und Formen laden zu kreativen Experimenten ein.

Außen-Küche

Es macht einfach einen Riesenspaß, im Sommer draußen zu kochen. Findige Köpfe sorgen schnell für das praktische Drumherum.

Ein dekorativer Vorhang aus zusammengenähten Küchenhandtüchern, die oben mit Ringnieten für das Spannkabel versehen wurden.

Essig, Öl und Gewürze werden am besten in tragbaren Kästen aufbewahrt, die man abends mit ins Haus nehmen kann. Im Bild rechts ist das gut zu sehen.

Der Abwasch wird auf diesem alten, weiß gestrichenen Holztisch besorgt, in das ein passendes Loch für die ovale Zinkwanne gesägt wurde. Zum Ausschütten des Wassers wird die Wanne einfach herausgehoben.

Möbel und Stoffe

Stuhllehnenbezug mit Einstecktasche • Sitzbezug • Kissen mit Bindeband • Flaschenbehälter • Liegestuhlbezug • Liegestuhlkissen • Gestreifter Stuhlbezug • Zeitschriftenhalter für die Gartenbank • Strandtasche

Stuhllehnenbezug mit Einstecktasche

Material: Fester Baumwollstoff, Wattiervlies

1. Ein 1 m langes und 40 cm breites Stück Stoff zuschneiden.

2. An einer Schmalseite den Stoff erst 1/2 cm, dann noch einmal 1 cm nach innen (zur linken Stoffseite) umschlagen und mit der Maschine absteppen.
Auf der anderen Schmalseite einen 1 cm Saum nach innen umschlagen und mit dem Bügeleisen fixieren.

3. Entlang der Längsseiten je einen 1/2 cm Saum nach innen umschlagen und ebenfalls festbügeln.

4. Das Stoffstück doppelt nehmen, indem Schmalkante auf Schmalkante zu liegen kommt und die Mittellinie markieren. Nun beide Schmalseiten so falten, dass sie an der Mittellinie aufeinander treffen. Die noch ungesäumte Schmalseite auf der Mittellinie feststeppen.

5. Das so entstandene Kissen mit dem Wattiervlies ausstopfen.

6. Nun den Saum an den Kissenkanten schließen, dabei die Bindebänder jeweils in der Mitte des Kissen- und des Taschenteils mitfassen (siehe Abbildung).

7. Für die Bindebänder je vier 5 cm breite und 75 cm lange Stoffstreifen zuschneiden. An den Enden je einen kleinen Saum umschlagen und festbügeln. Die Außenkanten auf beiden Längsseiten nach innen umschlagen und feststeppen.

Sitzbezug

Material: Kräftiger Baumwollstoff

1. Ein 1 m x 35 cm Stoffstück zuschneiden.

2. Den Stoff rechts auf rechts zusammenfalten und die offenen Kanten feststeppen. Dabei einen kleinen Spalt zum Wenden des Stoffes offen lassen.

3. Das Kissen sorgfältig wenden. Die verbliebene Öffnung per Hand zunähen. Nach Geschmack noch einmal rundherum feststeppen und bügeln.

Kissen mit Bindebändern

Material: 2 Sorten gesteifter Baumwollstoff und ein 40 x 40 cm großes Kisseninlett.

1. Ein 90 cm x 45 cm Stoffstück sowie ein Stoffquadrat mit 25 cm Seitenlänge zuschneiden.

2. Bei dem Stoffquadrat rundherum einen kleinen Saum nach innen umschlagen und festbügeln. Das große Stoffstück links auf links doppelt legen und das Stoffquadrat mittig auf einer Hälfte feststecken. Auseinanderbreiten und das Quadrat aufnähen.

3. Nun die Stoffbahn rechts auf rechts zusammenlegen und die Seitennähte schließen, die Oberkante jedoch offen lassen.

4. Das Kissen wenden. An der Oberkante beidseitig einen 1 cm breiten Saum nach innen umbiegen und festbügeln.

5. Zwei 60 cm lange und 7 cm breite Stoffstreifen zuschneiden. Längs rechts auf rechts zusammenlegen und 1/2 cm von der Stoffkante entfernt feststeppen. Die Stoffbänder wenden und bügeln.

6. Das Kisseninlett einlegen und die Stoffstreifen etwa 8 cm von den Außenseiten entfernt innen an der Oberkante feststecken. Dann den oberen Saum feststeppen, wobei die Stoffstreifen mitgefasst werden.

Flaschenbehälter

Material: Ein 28 x 40 cm Quadrat und einen Kreis mit 9 cm Durchmesser aus festem Baumwollstoff. 2 große Ringnieten. Etwa 1 m kräftige Seiden- oder Baumwollschnur.

1. Den Stoff rechts auf rechts zusammen legen und 1,5 cm von der Schnittkante entfernt zusammen steppen, sodass ein 40 cm langer Schlauch entsteht.

2. Den Stoffkreis an einem Ende als Boden feststecken und festnähen. Den Saum mit Zickzackstich ketteln, ebenfalls den Saum am anderen Schlauchende.

3. Den Schlauch wenden und das obere Ende so nach innen stülpen, dass eine 20 cm hohe „gefütterte" Tasche entsteht. Die Oberkante bügeln und feststeppen.

4. In 2 cm Abstand von der Oberkante einander gegenüberliegend je eine Ringniete anbringen. Die Trageschur durchziehen und festbinden.

Ein neuer Bezug für den Liegestuhl

Material: Fester gemusterter Baumwollstoff. Fester Nähfaden und passende Nähmaschinennadel.

1. Den alten Liegestuhlbezug entlang der Ober- und Unterkante abtrennen, damit man ihn als Schablone verwenden kann.

2. Der neue Bezug soll die Länge des alten plus 10 cm an der Ober- und Unterkante sowie die doppelte Breite plus 2 cm Saumkante haben. Denken Sie auch an den Stoff für die Bindebänder!

3. Den Stoff rechts auf rechts legen und an der Längskante zusammennähen. Wenden und bügeln.

4. An den Ober- und Unterkanten jeweils einen 5 cm Saum nach innen umschlagen und festbügeln.

5. Zwölf Stoffstreifen von 6 x 30 cm Kantenlänge zuschneiden. Jeweils der Länge nach rechts auf rechts zusammenfalten und 0,5 cm von der Stoffkante entfernt zusammennähen. Wenden und bügeln.

6. Die Stoffbänder je zwei aufeinander innen an den Ober- und Unterkanten des Bezuges feststecken: Je zwei Paar an den Ecken und ein Paar in der Mitte. Feststeppen und zur Verstärkung in 2 cm Abstand vom Rand noch einen zweiten Saum nähen.

Liegestuhlkissen

Material: Fester gemusterter Baumwollstoff und ein 40 x 40 cm großes Kisseninlett.

1. Ein Stoffstück von 50 x 95 cm Kantenlänge zuschneiden.

2. Die Schmalseiten rechts auf rechts zusammenlegen und die Seitennähte schließen (1,5 cm Abstand zur Stoffkante), an der oberen Kante noch einen Spalt offen lassen, der groß genug zum Wenden und Einlegen des Kissens ist.

3. Den Bezug sorgfältig wenden und bügeln. Die bereits geschlossenen Seiten – jedoch nicht die Oberkante – in 3 cm Abstand zur Außenkante nochmals absteppen.

4. An der Oberkante beidseitig einen 1,5 cm breiten Saum nach innen umschlagen und festbügeln. Das Kisseninlett einlegen, die Öffnung per Hand zunähen und den Ziersaum mit der Maschine vervollständigen.

Gestreifter Stuhlbezug

Material: Fester Baumwollstoff, 4 große Ringnieten und 50 cm Baumwollschnur.

1. Ein Stoffstück von 40 x 100 cm Kantenlänge zuschneiden.

2. Die Längskanten zuerst 0,5 cm, dann noch einmal 3 cm nach innen umschlagen und den Saum feststeppen.

3. An den Schmalseiten zuerst 0,5 cm, dann 3 cm umschlagen und feststeppen.

4. Die Stoffbahn auf den Stuhl legen, wobei die Oberkante ca. 15 cm nach hinten überhängen sollte. Die Position der Ringnieten beidseitig der Stuhllehne markieren.

5. Die Ringnieten nach Anleitung einschlagen und die Baumwollschnur hindurchziehen – fertig!

POLO SPORT

Zeitschriftenhalter für die Gartenbank

Material: Fester Baumwollstoff, 4 große Ringnieten, 1 m dünne Schnur.

1. Ein 60 x 35 cm und ein 30 x 35 cm großes Stoffstück zuschneiden.

2. Das größere Stoffstück an den Längskanten und einer Schmalkante zuerst 0,5 cm, dann 1 cm nach links umschlagen und feststeppen.

3. Die zweite Schmalseite ketteln, 1 cm nach rechts umschlagen und festbügeln.

4. Das kleinere Stoffstück rundherum mit Zickzackstich ketteln. Beide Längsseiten und eine Schmalseite 1,5 cm, die zweite Schmalseite 5 cm nach links umschlagen und festbügeln.

5. Das kleinere Stoffstück links auf rechts auf das untere Ende des größeren legen und an den drei Außenkanten zusammennähen.

6. Das frei gebliebene obere Ende der Stoffbahn von außen nach innen über die Stuhllehne legen und die Position der Ringnieten markieren. Die Ringnieten nach Anweisung einschlagen.

7. Die Baumwollschnur durch die Ringnieten ziehen und den Zeitschriftenhalter an der Stuhllehne befestigen.

Strandtasche

Material: Fester Baumwollstoff in verschiedenen Streifenmustern.

1. Aus dem schmal gestreiften Stoff ein 90 x 40 cm großes Stoffstück zuschneiden. An den Schmalseiten aufeinander legen, die Mittellinie abstecken und den Stoff wieder auseinander falten.

2. Für den Taschenboden aus dem breit gestreiften Stoff einen Streifen von 20 x 40 cm Kantenlänge zuschneiden. Die Längsseiten je 1 cm breit nach innen umschlagen, dann Saum auf Saum zusammenlegen, doppelt nehmen und die Mittellinie markieren. Den Streifen so auf das große Stoffstück legen, dass die Mittellinien aufeinander liegen. Den kleinen Streifen entlang den Längsseiten auf das große Stoffstück aufnähen: der Taschenboden besteht also aus einer doppelten Lage Stoff!

3. Zwei 6 x 40 cm große Stoffstreifen aus dem breit gestreiften Stoff zuschneiden. Je einen Streifen rechts auf rechts auf die Schmalseiten des großen Stoffstücks heften und mit 1 cm Abstand von den Stoffkanten feststeppen. Auseinander falten und bügeln.

4. Den freien Saum 1 cm breit umschlagen und absteppen.

5. Aus dem Stoff mit den schmalen Streifen zwei 85 cm lange und 10 cm breite Streifen für die Trageriemen zuschneiden, der Länge nach falten. In 1,5 cm Abstand von den Stoffkanten zusammennähen, wenden und bügeln.

6. Das große Stoffstück rechts auf rechts zusammenlegen und die Schmalseiten in 1,5 cm Abstand von der Stoffkante zusammennähen. Die Säume mit Zickzackstich ketteln und die Tasche wenden.

7. Die beiden Trageriemen je nach Geschmack innen oder außen an dem Zierstreifen der Taschenoberkante (mit 8 cm Abstand von den Seitennähten) feststecken. Entlang der Oberkante und entlang des Saumes zwischen den Stoffmustern feststeppen.

Viel Vergnügen und: Einen schönen Sommer!

Register

Die Autoren danken:

Per Arne Sterud
Lasse Walles
Sølvi Storås
Alexandra Villefrance
Bente Helstrøm
Janne Bråthen
Nina Bangren
Frankie A. Spencer Archille
Malmgården Stiftelse, Stockholm
Bolina
Rafens
R.O.O.M.
Britt Heierdal
Ikea
Åhlens
Mormors Kjøkken
Donaldson
Anne Mina Blomster